眠れなくなるほど面白い　図解統計学の話

图解统计学

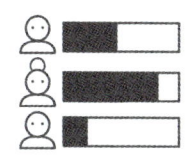

[日] 小宫山博仁 主编
教育评论家
王倩倩 译

让数据说实话

北京时代华文书局

图书在版编目（CIP）数据

图解统计学 /（日）小宫山博仁主编；王倩倩译 . -- 北京：北京时代华文书局，2020.12
ISBN 978-7-5699-4005-3

Ⅰ.①图… Ⅱ.①小…②王… Ⅲ.①统计学－图解 Ⅳ.① C8-64

中国版本图书馆 CIP 数据核字 (2020) 第 259052 号

北京市版权局著作合同登记号 图字：01-2020-0328

NEMURE NAKU NARU HODO OMOSHIROI ZUKAI TOKEIGAKU NO HANASHI by NIHONBUNGEISHA/Hirohito Komiyama
© NIHONBUNGEISHA/Hirohito Komiyama 2019
All rights reserved
Original Japanese edition published by NIHONBUNGEISHA Co., Ltd.
Chinese (in simplified characters only) translation rights arranged with NIHONBUNGEISHA Co., Ltd. through Digital Catapult Inc., Tokyo.

图解统计学
TUJIE TONGJIXUE

主　　编	[日]小宫山博仁
译　　者	王倩倩
出 版 人	陈　涛
策划编辑	高　磊
责任编辑	邢　楠
责任校对	张彦翔
装帧设计	孙丽莉　段文辉
责任印制	訾　敬

出版发行 | 北京时代华文书局 http://www.bjsdsj.com.cn
　　　　　北京市东城区安定门外大街 138 号皇城国际大厦 A 座 8 楼
　　　　　邮编：100011　电话：010 - 64267953　64267677

印　　刷 | 凯德印刷（天津）有限公司　022 - 29644128
（如发现印装质量问题，请与印刷厂联系调换）

开　　本	880mm×1230mm　1/32	印　张	6	字　数	100 千字
版　　次	2021 年 3 月第 1 版	印　次	2021 年 3 月第 1 次印刷		

书　　号 | ISBN 978-7-5699-4005-3
定　　价 | 39.80 元

版权所有，侵权必究

自序

我想大家初中的数学课上都学过方程式。方程式计算后可以得出明确的结果,但统计和概率却是数学中比较模糊的学科。而且其中经常出现不熟悉的符号,令人不禁敬而远之。

但是回顾我们的日常生活,你就会明白统计和概率起到了多么重要的作用。在高中学习过的数学中,其实最贴近日常生活的就是统计和概率。我们收集许多资料(数据),研究倾向到底是什么?此时用到的就是统计学。考试的时候很多人关心的"偏差值",就是一种统计数值,它帮助大家了解在所有考生中自己的成绩到底可以排在哪个位置。

从很久以前,在医学研究领域使用统计学就非常盛行。早在霍

乱菌被发现之前，英国医生斯诺就发现了霍乱和饮用水的相关性。现在，在研究癌症预防和发病原因时，统计学起到非常大的作用。比如非常有名的香烟、石棉和肺癌的相关性调查。

在类似的流行病学调查中，虽然只知道两者间存在相关性，不过从此入手很可能调查出致病的直接原因。现在，对于癌症已经进入了细胞和DNA的研究阶段，研究者们正试图查明其根本原理和规律。

在教育界，统计学发挥的作用也同样引人注目。研究者们正在研究什么样的环境及条件可以有效促进"学习能力"提高。得益于统计学的使用，研究者逐渐发现阅读书籍，增加亲子间交流，去美术馆或听音乐会，吃早饭等都与学习能力提高关系密切，不过仍然没有理出清晰的因果关联。可以说，统计学为课题研究的未来指明方向。

乍一看统计和体育没有关系，殊不知，体育的世界里也离不开统计学。如今健身房颇受欢迎，越来越多老年人也喜欢去健身房。因为统计让我们了解，瑜伽、健美操、街舞、爵士等舞蹈或

肌肉锻炼运动对身体健康有利。运动也使得公民更加健康，有助于降低医疗领域费用投入和提高劳动生产率，最终提高GDP。近年来一举成名的AI（人工智能）也应用了统计学理论。在本书正文中，我们还将会具体解说电视的收视率和天气预报等日常生活中的例子。这本书还将讲到10年前的日本教科书中没有教过的"箱形图"（2020年起，在初二的数学课中会学到）和贝叶斯统计。读完这本书，你不再会被统计所摆布，反而拥有一个乐观积极的心态，感受到统计学的乐趣。

小宫山博仁

2019年6月

目录

序章 统计学是什么

探寻统计学的根源 ● 3

南丁格尔为统计学的发展做出了贡献 ● 6

统计学与日常生活密切相关 ● 9

想和别人说的统计学① 统计学中三大典型思维方式 ● 12

小专栏 大量数据可以预测未来 ● 15

第1章 基本：基础统计学和实际使用方法

图表是统计学的第一步 ● 19

整理数据，制作频数分布图 ● 22

使用"有效百分比"比较数据 ● 25

好好研究下学过的"平均" ● 28

展现数据特征的"中位数"和"众数" ● 31

了解最近统计中经常使用的"箱形图" ● 34

"箱形图"能表现出数据离散还是集中 ● 37

"标准偏差"反映数据的离散程度 ● 40

想和别人说的统计学② 图表刻度变化，给人印象大相径庭 ● 43

小专栏 异常值可能导致人们无法掌握数据整体情况 ● 46

第❷章 使用：这样用统计学

统计帮助人寿保险公司确定保险金 ● 49

开发新商品时统计学的重要作用 ● 52

衡量学习能力常用到的偏差值到底是什么 ● 55

人气商品总有一天销量会衰退的原因 ● 58

如何使用大数据 ● 61

统计学塑造了AI（人工智能）● 64

什么是家计调查以及其意义 ● 67

统计数据不正确导致哪些问题 ● 70

想和别人说的统计学③ 中奖率越低，中奖金额越高 ● 73

小专栏 从期望值看，彩票可以"买一个梦想"吗 ● 76

第❸章 名人：向统计学家学统计学

人口普查始祖：奥古斯都 ● 79

用概率论研究赌博：吉罗拉莫·卡尔达诺 ● 80

人口调查与政治算术：约翰·格兰特 ● 81

经济学、统计学之父：威廉·配第 ● 82

日本统计推行者：德川吉宗 ● 83

现代社会使用的贝叶斯统计学：托马斯·贝叶斯 ● 84
霍乱的感染源和统计：约翰·斯诺 ● 85
对统计学的发展做出贡献：弗洛伦斯·南丁格尔 ● 86
直方图的设计者：卡尔·皮尔逊 ● 87
随机化和推测统计学：罗纳德·费舍尔 ● 88
想和别人说的统计学④ 庞加莱买面包的故事 ● 89
小专栏 社会差距会导致什么问题 ● 92

第4章 分析：用统计发现国家的真实情况

5年1次的"国势调查"有什么意义 ● 97
统计数据展示的超老龄化社会 ● 100
从统计数据看社会贫富差距现状 ● 103
日本正受到健康差距的威胁？● 106
统计数据预言了可怕的"老后破产" ● 109
2050年悄悄走进日常生活的问题 ● 112
连续发行赤字国债，日本借款迅速超过1000兆日元 ● 115
想和别人说的统计学⑤ 有钱不等于幸福 ● 118
小专栏 用统计数字看日常生活① ● 121

第5章 理论：使用推测统计学

数据整理统计和数据分析统计 ● 125
散点图展现两组数据相关性 ● 128

从随机变量和概率分布求正态分布 • 131

推测统计中重要的随机变量的平均数 • 134

正态分布的基础是随机变量的离散 • 137

推测统计的关键词"正态分布" • 140

推测统计中重要的"母体"和"样本" • 143

想和别人说的统计学⑥ 味噌汤试味与统计学原理相似 • 146

小专栏 从统计数字看日常生活② • 149

第6章 运用：与日常生活紧密相连的统计学

电视收视率是如何计算出来的呢 • 153

为什么降水概率只有20%也会下雨呢 • 156

为什么仅仅开票1分钟就会出现"确定当选" • 159

舆论调查的执行步骤及分析方法 • 162

根据POS数据分析畅销商品 • 165

赛马和买彩票哪种方式更有可能赚钱 • 168

贝叶斯统计学：科学地预测① • 171

贝叶斯统计学：科学地预测② • 174

想和别人说的统计学⑦ 用贝叶斯统计学在赛马中能获胜吗 • 177

小专栏 从"巨无霸指数"看经济形势 • 179

序章

统计学是什么

探寻统计学的根源

17世纪以后,统计学被确立为一门独立学科。在此以前,中国、古罗马、古巴比伦等国家会进行人口调查等简单的统计。

古罗马帝国的**第一代帝王奥古斯都**(前63—14),为了摸清自己国家的军事实力,下令实施人口普查,调查全国17岁以上可以参军的男子人数。在日本大化改新(645年)时期,为实施"班田收授法",当时的政府在全国范围内组织了户籍调查。在这一时期,

> "大化改新"时期,日本为了实施"班田收授法"进行户籍调查。

统计学的起源 → **人口调查**

为掌握人口真实现状而获取的数据,在国家统治中灵活使用

统计是为了掌握国家的实际情况。到了17世纪,英国商人**约翰·格兰特**(1620—1674)提倡在当时的人口统计学基础上发展统计学,以便处理大量现象数据。有"经济学之父"之称的英国经济学家**威廉·配第**(1623—1687)在其著作《政治算术》中,将这一思想发扬光大。书中的核心内容就是"国家统治的方方面面,要用数字来推测"。

约翰·格兰特从教会资料中发现了死亡记录,分析后总结出很多规律。他认为通过这些规律可以推测出未来人口情况。约翰·格兰特和威廉·配第在数量层面掌握了社会事务数据后,不单纯停留在数量,而是进行进一步分析,找出其中规律。因哈雷彗星而为人熟知的英国科学家**埃德蒙·哈雷**(1656—1742)又在此基础上进一步运用了这种思维方式。

埃德蒙·哈雷认为人的死亡存在某些规律或者说可预测的东西。他改进了约翰·格兰特设想的"死亡表",发表了关于"人类死亡率估计"的论文。人寿保险公司以此为依据,计算出适当的保

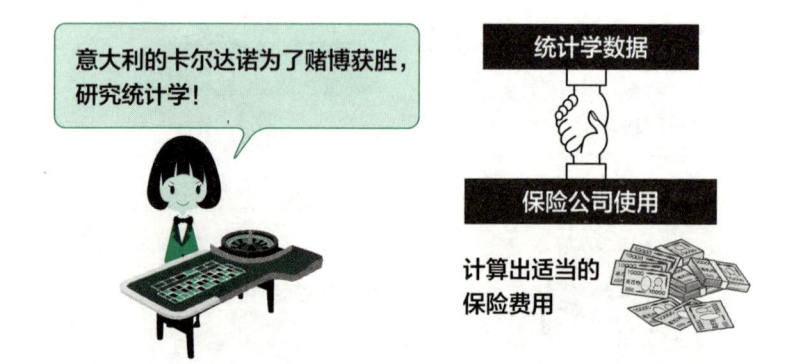

意大利的卡尔达诺为了赌博获胜,研究统计学!

统计学数据

保险公司使用

计算出适当的保险费用

险费。哈雷因而还被认为是人寿保险事业的奠基人。而最早提出与统计学关系密切的概率论的科学家，是意大利数学家吉罗拉莫·卡尔达诺（1501—1576），他也是一位医生，还很喜欢赌博。卡尔达诺为了在赌博时获胜，专门研究了概率。此后，有两位科学家继续研究了概率事件的统计，他们分别是因提出"帕斯卡定理"而闻名于世的法国科学家布莱士·帕斯卡（1623—1662）以及因提出"费马大定理"而著名的法国数学家皮耶·德·费马（1601—1665）。

南丁格尔为统计学的发展做出了贡献

　　统计学就是像这样，因社会需求而产生了。在医学证明领域以及测试新药效果时，统计更是必不可少。比如研究吸烟和疾病的关系或者患病率和死亡的关系等都要使用统计学。所以在现代社会中，医学和统计学被理所当然地认为是密不可分的。

　　不过，医学和统计的关系是到了19世纪才变得如此密切的。到了这一时期，人们开始灵活运用统计学原理来解决生活中的实际问题。

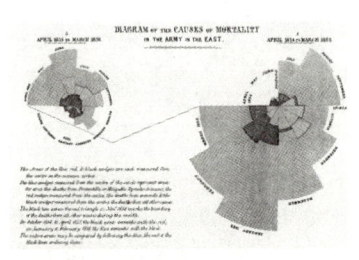

鸡冠图

图表化更加直观，便于理解

▲南丁格尔演讲时使用的"鸡冠花图"

英国护士弗罗伦斯·南丁格尔（1820—1910）在克里米亚战争（1853—1856）期间从事医疗护理工作。她在战场目睹了伤病兵的情况并运用统计学知识分析，推动了卫生状况的改善。因为南丁格尔掌握数学和统计学知识，所以可以收集到很多数据，并揭示出现象背后的真正原因。但是为了方便别人理解，解释数据时就必须要用形象而有说服力的方式。

所以南丁格尔发明了一种圆形图——"鸡冠花图"，并用这种图演讲。

只用语言其实是很难描述清楚现状的，于是她使用更加直观的图表展示，从而说服其他人帮助她改善医院卫生状况，大大降低了伤兵的死亡率。南丁格尔也因此被认为是统计学先驱。

1860年，南丁格尔出席国际统计会议，提出医院统计的统一基准等，为统计工作的改进做出了卓越的贡献。她也因此当选为英国皇家统计学会的会员，而且是该学会有史以来第一位女会员。

还有一位英国医学家约翰·斯诺（1813—1858）也使用统计学对医学做出了贡献。19世纪的伦敦，霍乱流行，但是人们一直没有找到病菌源头。约翰·斯诺收集了霍乱的多种数据，比如同一个家

> 研究疾病流行的学科被称为"流行病学"（流行病学研究）。使用统计学方法，详细研究疾病和健康的关系的学科也叫"流行病学"。

庭中有些家庭成员死于霍乱，有些成员却安然无恙，某一区域霍乱的患病人数多，等等，并分析其中原因。

经过反复周密调查，斯诺提出假设，霍乱之所以会流行，是因为饮用水被污染。据此，他成功阻止了霍乱的大流行。事实也证明，约翰·斯诺的分析是完全正确的。

统计学与日常生活密切相关

18世纪，英国经济学家**罗伯特·马尔萨斯**（1766—1834）提出：以过去的统计结果为基础，可以预测未来的经济状况。直到现在，他的"人口和粮食理论"依然备受瞩目。罗伯特·马尔萨斯著有《人口学理论》，他是经济学史一定会提到的著名经济学家。19世纪以来，很多国家逐渐开始重视统计在政治及行政领域的作用。到了20世纪，对于统计学的需求猛然增加了。

吉罗拉莫·卡尔达诺	➡ **概率理论**
罗伯特·马尔萨斯	➡ **预测经济**
托马斯·贝叶斯	➡ **人工智能**

> 统计学逐渐被人们运用于日常生活中，最终成为一门独立学科！

在现代，一度被人们遗忘的**托马斯·贝叶斯**（1702—1761）的"贝叶斯理论"被发扬光大，广泛应用于计算机电子邮件、人工智能等领域。

统计学最突出的优势就是通过对过去信息的分析，可以清晰了解现状，甚至可以预测未来。

舆论调查就是一种极具代表性的大规模调查。通常是国家、地方自治团体、大众媒体等以个人为调查对象进行的意见调查。因为这种调查方式有助于掌握民众的意见和态度，所以也常用于调查政治领导人以及政党支持率。此类调查最重要的是要随机抽取（随机抽样）。

调查对象如果有偏向性，结果是没有意义的。因此调查对象必须按照确定的比率随机抽取。选举期间，选举速报的开票率仅为1%，也可以确定选举结果。这里就运用到了统计学思维，抽取部分选民做"出口调查"[1]预测整体选举结果。电视台会在观众

统计数据能够帮助预测未来，非常重要！

统计学与生活密切相关

- 选举时的支持率
- 电视节目的收视率
- 气象学的降水率
- ……

---

[1] 出口调查：在选举过程中，调查机构在投票站出口处对刚走出投票站的选民所做的调查。

中取样,进行大规模调查,确定有多少人会收看某特定的电视节目。这就是所谓的收视率。还有天气预报也来自我们日常生活中常遇到的统计。

　　明天天气是晴朗,还是下雨?晴朗或下雨的可能性又有多大?气象厅播报天气及预测降水时,其实都会参考积累的历史数据。棒球爱好者们都很关心自己喜欢的选手运动状态如何。此时,选手的能力就需要可参考的指标量化。投球手就要看他的胜率和防御率,而击球手则要看打击率等。

　　彩票的中奖率也是可以计算的。以1张彩票中奖时获得的金额为期望值计算,1张售价300日元的日本年终彩票,其期望值是144日元(详情参看本书第169页)。

想和别人说的统计学 ①
统计学中三大典型思维方式

所谓统计学，是指使用各种各样的方法，收集整理调查结果中的数据，从中解读出调查对象的规律性或不规则性的本质的学科。

统计学虽说是一门学科，但实际上分为许多领域。其中比较具有代表性的是描述统计、推测统计以及贝叶斯统计。

在学校，全班考试成绩统计或身高调查用到的就是"描述统计学"。使用图表（折线图、柱状图等）将这些分散的数据展示出

> 统计时，同样的数据，分析或数字处理方法不同，读取信息可能不同。

来，让别人看图后可以直观地了解整体现状。不过，描述统计学有一些短板。比如要知道全国六年级小学生的平均身高是多少，如果真的把全国六年级小学生都调查一遍不仅耗时，还会耗费大量的人力物力。

所以这时候就要用到"推测统计学"了。

使用推测统计学，就是以全国小学六年级学生为推测整体（抽样母体），随机抽取一部分（样本）调查，根据样本的调查结果推测整体的情况。在描述统计学中，没有"抽样母体"和"样本"的概念。因为在描述统计学中，"抽样母体=样本"。描述统计学和

在统计学中三种代表性思想

- **描述统计学**：实地调查所有个体掌握整体情况
- **推测统计学**：从抽样母体中抽取部分样本以推测整体情况
- **贝叶斯统计学**：从有限的数据推测整体情况

在统计中有三种流程

① 掌握国家实际状态的"统计"
② 掌握大量事实的"统计"
③ 掌握事情概率的"统计"

※摘自日本总务省统计局网站

推测统计学都是基于实际调查结果。而贝叶斯统计学则是在最初先确定一个概率，然后不断根据新数据修正这个概率。描述概率学和推测概率学中都有"样本"的思维方式，"贝叶斯统计"中并没有"样本"。

根据日本总务省统计局的网站信息，统计在这三种思维方式基础上发展出三种流程，它们分别是掌握国家实际状况的统计，掌握大量现象的统计以及掌握事情概率的统计。

小专栏 Column

大量数据可以预测未来

体育界常常运用统计原理收集数据。我们以棒球为例。对手右手投球时，击球手A的安打率为四成，而对手左手投球时，他的安打率则为两成左右。从这个数据可以知道，击球手A不擅长打对手左手投球。那么如果满垒两人出局的情况下，你遇到了击球手A用右手投球，被击中的可能性很高，而换左手投手则很有可能压制住他。

这是一个极端的例子，能够从过去的数据中预测未来，这就是统计赋予数据的力量。但是，这个数据并不是100%确定的。A面对右手投手的安打率有四成，所以每10局就有6局可能被终结。

在本书第156页中，我们会介绍，降水率基本上接近这种思考方式。事先确定可能性高还是低在日常生活中还是有用处的。可以说，在我们的世界里，通过统计得到数据能帮你指明未来的方向。

第1章

基本基础统计学和实际使用方法

图表是统计学的第一步

一听到"统计学"这个词,可能有人立刻想打退堂鼓。

实际上,小学时学的数学、理科以及社会学的教科书上出现的图表就是统计的第一步。所谓统计就是"在某个集团中,调查各个要素的分布状况,集团整体统一的趋势、性质等"。

到了小学中、高年级,在数学课上我们会学习到折线图、柱状图、饼状图。这些图可以直观表现出收集到的数据整体特征或倾向。把看似复杂的事情,用简单易懂的方式传达给普通人,这也是"统计"的重要组成部分。

要做出统计图就必须有原始素材。一般情况下,都是先做"表",后做"图"。

折线图便于展示变化,柱状图便于了解原始素材的数量并比较彼此的差异,饼状图便于了解数据占整体的比重。在统计学中,原始素材被称为"数据",数据的数量被称为"统计变量"。

请看第21页所示的3张图表。以表A的数据为基础,制作了3张

图：图B为折线图，图C为饼状图，图D为柱状图。如果只看表A很难一眼发现数据的变化。但是看折线图、饼状图、柱状图的话，就能非常直观且瞬间领会数据的变化。把数据整理成表格和绘制图表，常会发现很多信息。

【图A】日本对外出口国的贸易额的变化（单位：亿日元）

	2000年	2005年	2010年	2015年	2018年
总额	516.542	656.565	673.996	756.139	814.788
美国	153.559	148.055	103.740	152.246	154.702
中国	32.744	88.369	130.856	132.234	158.977
韩国	33.088	51.460	54.602	53.266	57.926

数据来源：日本财务省贸易统计

用折线图表示

【图B】各国的贸易额变化

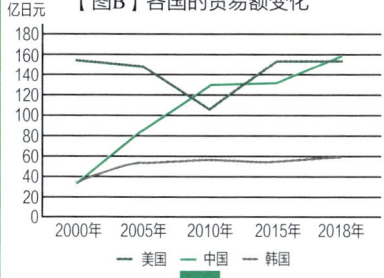

用饼状图表示

【图C】2018年各国贸易额变化

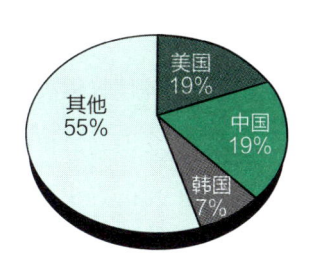

- 其他 55%
- 美国 19%
- 中国 19%
- 韩国 7%

用柱状图表示

【图D】各国的贸易额变化

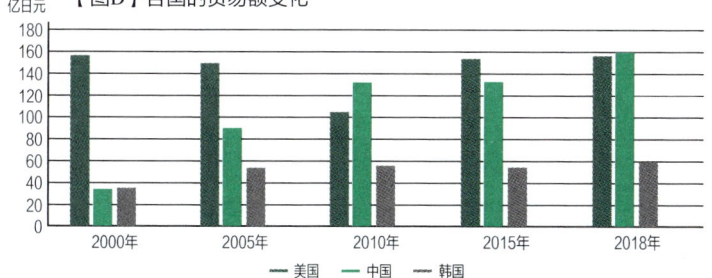

用各种图表展示数据，有利于更直观地展示出数据背后的含义！

整理数据，制作频数分布图

如果只是单纯地收集数据，把数字排列在那里，我们是很难分析出数据背后蕴含的趋势和意义的。

但是按照一定的方法整理数据，就可以很清晰地掌握表面上看不到的东西。

第24页的数据是三年级X班的男生和女生一周内在家学习时间的调查结果，其中男生15人，女生20人，单位是小时。

图A和图B只是简单地把数据汇集到一起。而图C和图D则是以4小时为一个区间段分组，把达到各个区间的男生和女生人数分别汇入表格。图C和图D与图A和图B相比，已经好理解很多，不过数字排列没有按照一定的顺序，很难让人抓住特征。为了进一步整理数据制作图表，下面让我们学习一些专业术语。

整理数据时用到的区间称为"组"，区间的大小称为"组距"，组的中间值称为"组中值"。图C和图D的表格中，一共分了6个组。

0—4组和4—8组，前者的组中值为2，后者为6。可以说，组的上限与下限值的平均数就是组中值。落在某组范围中的数据个数称为该组的"频数"。各个组的频数就组成了频数分布，用表表示出来就是"频数分布表"（组中值通常不会写出来）。图C和图D必须要有频数的合计，在计算时会用到。

把频数分布用图（柱状图）表示就是"直方图"。直方图比频数分布表更能直观地表现数据的分布。图E和图F就是直方图。

三年级X班男女生各自在家一周学习时间

【图A】

男生				
21	7	13	19	0
8	1	15	17	3
4	5	6	3	11

【图B】

女生				
2	10	5	8	15
20	18	3	7	9
19	4	6	11	22
17	10	5	16	13

【图C】男生频数分布表

家庭学习时间（小时）	频数	组中值
以上一不到		
0—4	4	2
4—8	4	6
8—12	2	10
12—16	2	14
16—20	2	18
20—24	1	22
合计	15	

【图D】女生频数分布表

家庭学习时间（小时）	频数	组中值
以上一不到		
0—4	2	2
4—8	5	6
8—12	5	10
12—16	2	14
16—20	4	18
20—24	2	22
合计	20	

【图E】男生直方图

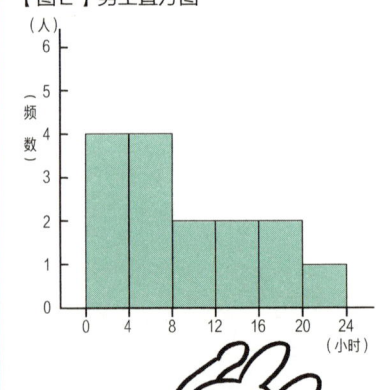

【图F】女生直方图

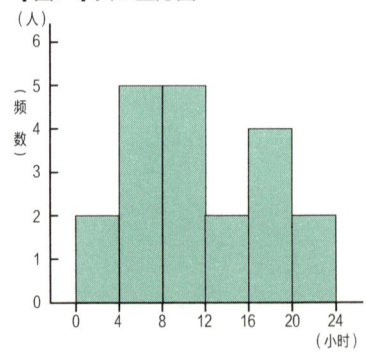

单从频数分布表很难了解整体情况，这时候就需要直方图！

使用"有效百分比"比较数据

在前一节的例子中，班级里男生和女生人数不同，只看频数无法确定男生在家学习的时间比女生少。所以这里改用各组频数占所有频数合计的比来代替单纯的频数，判断起来就方便很多了。这个比值就是"有效百分比"。**"有效百分比"的计算公式是：某组的有效百分比=某组的频数÷所有频数的合计**。这个值表示的是某组数据在所有有效样本数的比例，一般用小数来表示。

第27页的图A和图B总结了"三年级X班男女生各自在家一周学习时间"的有效百分比。计算有效百分比有时会发生一些小问题。比如图B中，各组频数除以合计频数可以除尽，所有有效百分比相加后可以达到1。但是在图A中，各组有效百分比都除不尽。此时可以四舍五入，保留到小数点后四位。这种情况有效百分比合计不为1，但也可以四舍五入记为1。

统计使用图表展示倾向或特征。把图B的有效百分比分布表用柱状图展示出来就是直方图图C。请与第24页的直方图图F对比一下。图F的纵轴是频数,而第27页的图C则是有效百分比。不过形状基本一致。

在频数的直方图中,有时涉及的数值巨大。但在有效百分比中,纵轴很明确,范围只限于0到1。

【图A】男生有效百分比分布表

家庭学习时间（小时）	频数	有效百分比
以上－不到		
0－4	4	0.2667
4－8	4	0.2667
8－12	2	0.1333
12－16	2	0.1333
16－20	2	0.1333
20－24	1	0.0677
合计	15	1

【图B】女生有效百分比分布表

家庭学习时间（小时）	频数	有效百分比
以上－不到		
0－4	2	0.1
4－8	5	0.25
8－12	5	0.25
12－16	2	0.1
16－20	4	0.2
20－24	2	0.1
合计	20	1

【图C】有效百分比直方图

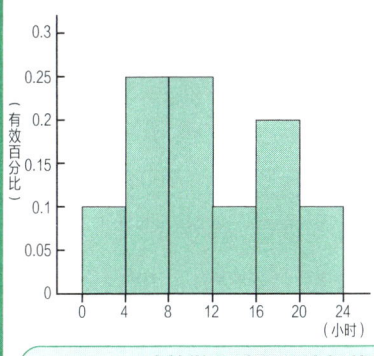

◆第24页【图F】的直方图

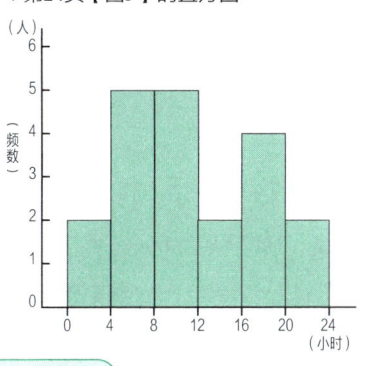

试着做累计百分比折线图

从有效百分比值小的组到某组的有效百分比合计叫作"累计百分比"。女生"4－8小时"组的累计百分比为0.1+0.25=0.35。也就是说不足16小时的学生占到全体的70%。这个图就帮我们很方便地看到"到某个值为止的组占全体的百分之多少"。

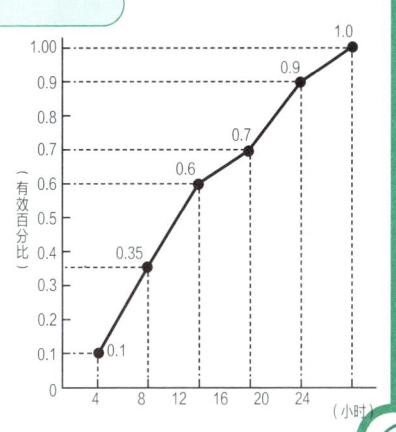

好好研究下学过的"平均"

在日常生活中，我们常常说"平均"这个词。

小学五年级时学过求平均数。"平均"可以说是踏入统计领域的第一步。"有6个牡蛎，它们的重量分别为150g、200g、220g、160g、180g以及260g。那么这些牡蛎平均重量为多少克？"

像这样的平均问题，在"每份的大小"这类题目中应该学过。6个牡蛎的总重量是150＋200＋220＋160＋180＋260＝1170（g）。那么平均重量就是1170÷6=195（g）。

以上例子中的平均和"时速100km（每小时前进100km）"中求的平均时速一样，都是求"平均每份的量"。

将若干数量按份均匀计算，就叫作"平均"。平均的计算公式为"总数÷个数"。 第一个牡蛎到最后一个牡蛎是数据，而它们各自的重量就是数据的值。下面我们计算一下第22页里讲过的例子，求"三年级X班的女生在家学习时间"的平均数。女生总学习时间为220小时，除以20人，平均每人11小时。

以上计算方式的公式如下。假设x是变量，n个数据的值合计为$x_1+x_2+\cdots+x_n$时，这组数据的"平均数"就是$\frac{1}{n}(x_1+x_2+\cdots+x_n)$，用符号"$\bar{x}$"（读作"$x$拔"）表示。平均数是统计学中的重要"指标"之一。所以"$\bar{x}$"这个符号非常重要，在本书后面会反复出现。在比较若干数据时，平均数是一个非常便于比较、能够展现数据特点的值。

三年级X班男女生各自在家一周学习时间

男生

21	7	13	19	0
8	1	15	17	3
4	5	6	2	11

女生

2	10	5	8	15
20	18	3	7	9
19	4	6	11	22
17	10	5	16	13

家庭学习时间（小时）以上－不到	频数	组中值
0－4	4	2
4－8	4	6
8－12	2	10
12－16	2	14
16－20	2	18
20－24	1	22
合计	15	

家庭学习时间（小时）以上－不到	频数	组中值
0－4	2	2
4－8	5	6
8－12	5	10
12－16	2	14
16－20	4	18
20－24	2	22
合计	20	

计算女生在家一周学习时间的平均数

（2＋10＋5＋8＋15＋20＋18＋3＋7＋9＋19＋4＋6＋11＋22＋17＋10＋5＋16＋13）÷20＝220÷20＝11（小时）

男生的平均数计算方法相同，最后结果是8.8小时

从统计数据中，我们可以看到男女生的平均学习时间不同。看完数据后会有疑问："为什么会有差距呢？"分析其背后原因也是统计学的一部分哦！

根据上面的"频数分布表"计算平均数

$\frac{1}{20} \times (2\times2 + 5\times6 + 5\times10 + 2\times14 + 4\times18 + 2\times22) = \frac{1}{20} \times (4 + 30 + 50 + 28 + 72 + 44) = \frac{1}{20} \times 228 = 11.4$

※有时也会出现用数据求平均数和用频数分布表求平均数结果不一样的情况。

展现数据特征的"中位数"和"众数"

除了平均数外,"中位数"和"众数"也是统计学中经常使用到的代表性指标。

那么下面我们先介绍一下中位数（Median）。

请看第33页的图A。仅凭这张表完全无法判断三年级X班的女生在家学习时间有什么趋势。但如果按照从小到大的顺序将数据排列一下，就能在其中发现一些趋势。此时，位于中间位置的数值叫作"中位数"。三年级X班的女生共有20名，没有刚好中间的数据。在组内数据个数为偶数$2n$的情况下，取第n个数据和第$n+1$个数据的平均值为"中位数"。在这个例子里第10个和第11个数据的平均值是10小时。三年级X班女生在家学习时间的平均数是11小时，中位数是10小时。接着我们计算下男生的数据。男生共计15人，是奇数（图B）。第8个数据的值"7小时"是中位数。男生在家学习时间平均数是8.8小时，所以男生的平均数和中位数相差较大。

接下来介绍一下众数（Mode）。所谓众数，就是将数据整理成频数分布表后，频数最多的那一组的组中值。图C是3年Y班20名女生的数据。以此数据制作出频数分布表图D。

再根据图D制作直方图图E。仔细阅读图E，很明显可以发现三年级Y班女生在家的学习情况。三年级Y班女生学习的平均数是11.05小时，中位数是11.5小时，众数是14小时。和X班女生的数据对比，会发现什么呢？

【图A】
三年级X班女生在家学习时间

2	10	5	8	15
20	18	3	7	9
19	4	6	11	22
17	10	5	16	13

(小时)

从小到大排列

2 3 4 5 6 7 8 9 10 10 11 13 15 16 17 18 19 20 22

第10个和第11个

$\frac{1}{2} \times (10 + 10) = \underline{10}$小时
　　　　　　　　　　中位数

平均数为 11

【图B】
三年级X班男生家庭学习时间 → 0 1 2 3 4 5 6 7 8 11 13 15 17 19 21
　　　　　　　　　　　　　　　　　　　　　　↓
　　　　　　　　　　　　　　　　　　　　中位数　　　　　　平均数 8.8

【图C】
三年级Y班女生在家学习时间

8	13	0	2	23
14	19	5	7	10
12	6	11	13	17
4	15	10	14	18

(小时)

得出数据的中位数和众数后，能够发现数据特点。

【图E】六年级Y班女生的直方图

【图D】三年级Y班的频数分布表

家庭学习时间（小时）	频数	组中值
以上—不到		
0—4	2	2
4—8	4	6
8—12	4	10
12—16	6	14
16—20	3	18
20—24	1	22
合计	20	

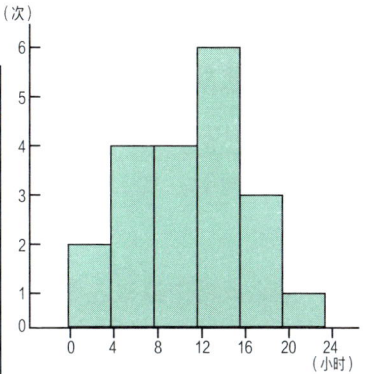

12小时以上16小时不到的组中值

$\frac{1}{2} \times (12 + 16) = 14$小时
　　　　　　　　　　众数

了解最近统计中经常使用的"箱形图"

第36页中的图A是统计中经常会使用到的"箱形图"。2020年正式进入了日本中学数学课本。**要搞清楚箱形图,首先要掌握"四分位数"。**

"箱形图"是在四分位数基础上绘制而成。我们以三年级X班女生的20个数据为例。这组数据的数量为20,中位数为10。以中位数为界,将数据数量平均分为两份。分开后,左侧这组包含最小值(从2到10的10个数据),其中位数为5.5。右侧这组包含最大值(从10到22),其中位数为16.5。这组2到22的20个数据就平均分成了4份。

整组数据中位数左侧的中位数,也就是大小介于5和6之间的5.5,叫作"第一四分位数";整组数据中位数的值叫作"第二四分位数";右侧的大小介于16和17之间的中位数16.5叫作"第三四分位数"。它们合称为**"四分位数"**,分别用Q_1、Q_2、Q_3表示。

整组数据四等分后，每组数据数量占总数25%。Q_1处于25%的值上，Q_2在50%，Q_3在75%。然后根据四分位数绘制图表就是图B。在展示数据的分布情况时，就用这5个数值（Q_1、Q_2、Q_3、最小值、最大值）定位。像图C这样用直线表示应该比较好理解。

展示数据分布时，像图B这样使用5个数值定位非常方便，即最小值、第一四分位数、第二四分位数、第三四分位数、最大值。它们合称为"五个特征值"。

图D和图E是三年级X班的箱形图和直方图。

【图A】箱形图 → 平均数

→ 中位数

【四分位数是什么？】

10个　　　　　10个

2 3 4 5 5 6 7 8 9 10 10 11 13 15 16 17 18 19 20 22

最小值　　　　中位数　　　　最大值
　　　　　　〈第二四分位数Q₂〉
　　　　　　　（10）

〈第一四分位数Q₁〉　　　〈第三四分位数Q₃〉
　（5.5）　　　　　　　　（16.5）

【图B】

→ 平均值

X

最小值　第一四分位数（Q₁）　第二四分位数（中位数Q₂）　第三四分位数（Q₃）　最大值　变量

【图C】

把线段AB平均分为四段

A ●————●————●————●————● B

最小值　第一四分位数　第二四分位数　第三四分位数　最大值

5个特征值

〈箱形图与直方图〉

【图E】

最小值　　　　　　　　　最大值

【图D】三年级X班女生

→ 平均值（11）

X

2　5.5　　10　　16.5　22（小时）
　(Q₁)　(Q₂)　(Q₃)

上图中的直方图好像山一样，直方图的"山顶"部分对应箱子。最大值和最小值部分对应着"胡须"。

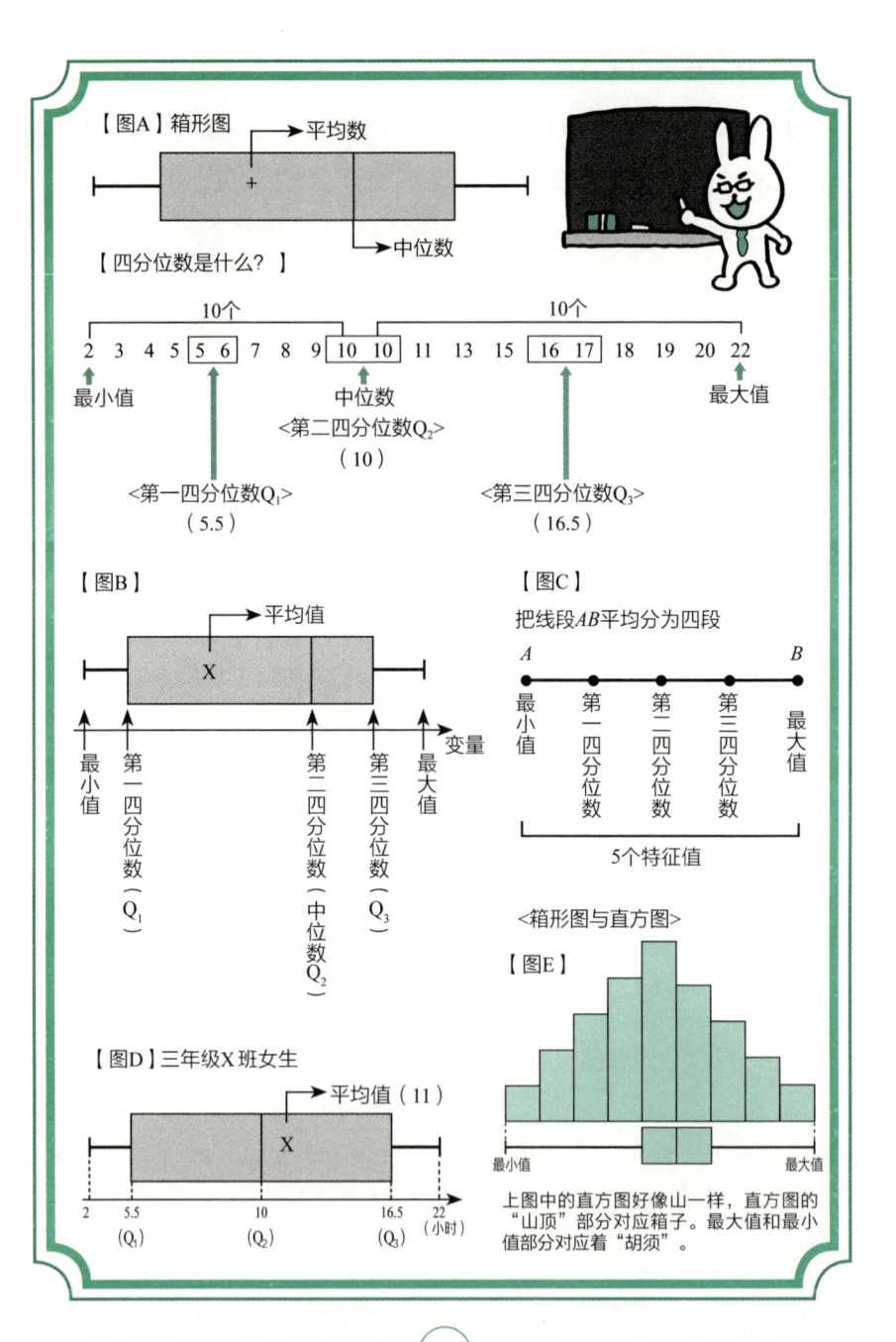

36

"箱形图"能表现出数据离散还是集中

在某组数据中，了解数据分布范围就可以明晰数据整体特征。所谓范围就是指最大值和最小值之间的差距，也被叫作"极差"。

使用箱形图，可以更明确地展示出来。Q_3与Q_1间的差距叫作"四分位距"。四分位距除以2叫作"四分位差"（参看图A的箱形图）。

在前一节里，我们已经利用箱形图对比了三年级X班女生和三年级Y班女生的数据分布。图B是三年级X班女生的箱形图。图C是三年级Y班女生的箱形图。两图绘制方法相同。

仔细观察箱形图图B和图C。使用特征值Q_1、Q_2、Q_3绘制出的图表，比使用全部数据绘制出的直方图和折线图更加简单明了。随着数据的增加，柱状的直方图和折线图里图形也会增多，不仅需要大量绘制时间，原本展示图表的空间也会不够。三年级X班和Y班这样，展示两位数的数据，需要的时间和空间还不算多。如果要展示几百或几千的数据那可就很困难了。**绘制箱形图仅需要最小值、最大值、Q_1、Q_2、Q_3以及平均数6个值,在很紧凑的空间就可以画出来。**

  图B和图C相比,可以发现它们的趋势和不同点。关键就是看四分位距。图B和图C中,图C数据较为集中。

【图A】箱形图

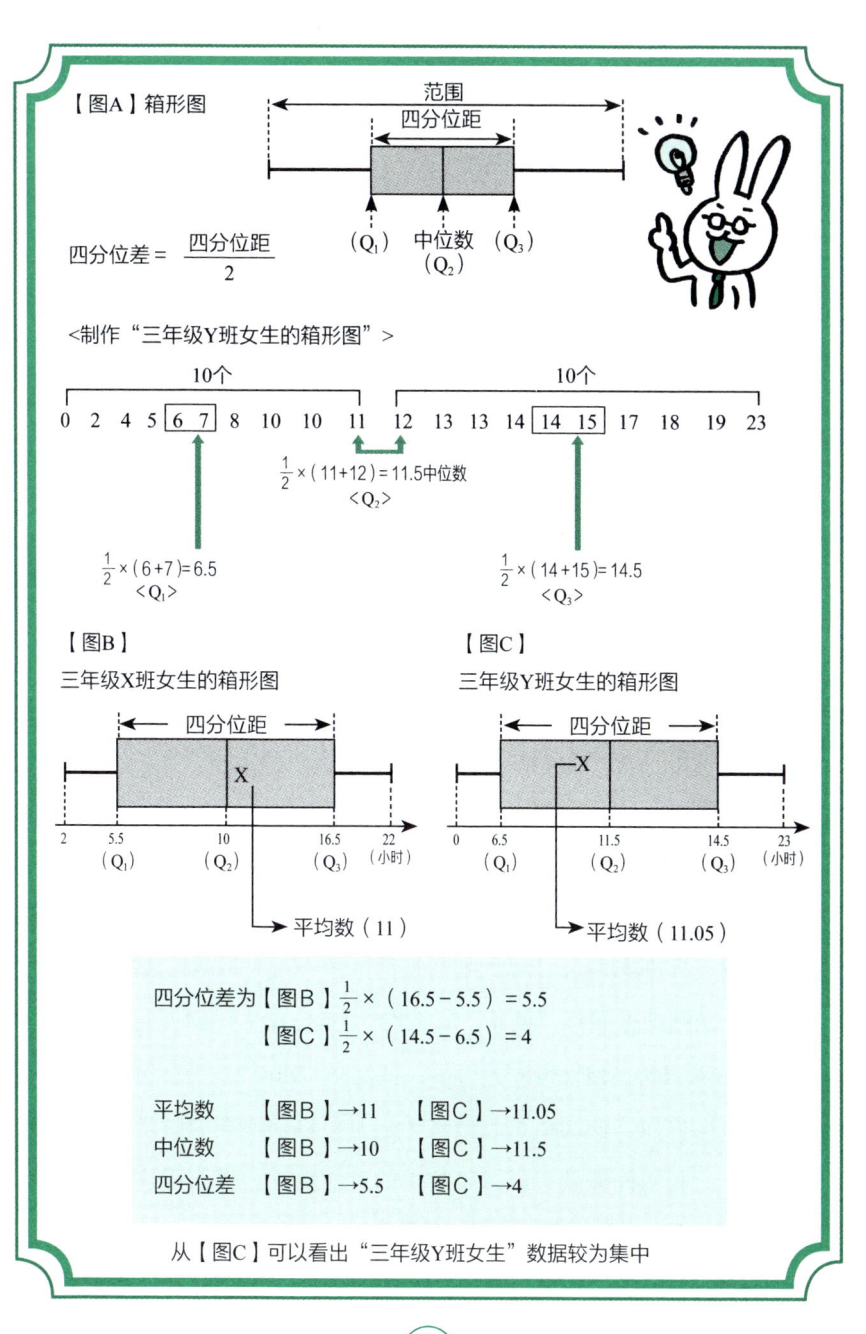

范围
四分位距
(Q_1)　中位数　(Q_3)
　　　　(Q_2)

四分位差 = $\dfrac{四分位距}{2}$

<制作"三年级Y班女生的箱形图">

10个　　　　　　　　　　　　　10个
0　2　4　5　6　7　8　10　10　11　12　13　13　14　14　15　17　18　19　23

$\dfrac{1}{2} \times (11+12) = 11.5$ 中位数
<Q_2>

$\dfrac{1}{2} \times (6+7) = 6.5$
<Q_1>

$\dfrac{1}{2} \times (14+15) = 14.5$
<Q_3>

【图B】
三年级X班女生的箱形图

四分位距

2　5.5　　10　　16.5　22 (小时)
　(Q_1)　(Q_2)　(Q_3)

→平均数（11）

【图C】
三年级Y班女生的箱形图

四分位距

0　6.5　　11.5　　14.5　23 (小时)
　(Q_1)　(Q_2)　(Q_3)

→平均数（11.05）

四分位差为【图B】$\dfrac{1}{2} \times (16.5 - 5.5) = 5.5$
　　　　　【图C】$\dfrac{1}{2} \times (14.5 - 6.5) = 4$

平均数　　【图B】→11　　【图C】→11.05
中位数　　【图B】→10　　【图C】→11.5
四分位差　【图B】→5.5　　【图C】→4

从【图C】可以看出"三年级Y班女生"数据较为集中

"标准偏差"反映数据的离散程度

三年级X班举行数学考试。参加考试的男生12人，女生10人。图A所示的是学生们各自的得分。图B是学生得分的频数分布表。数据分组很多且极为分散，很难用直方图表示。到目前为止还很难从数据中看出男女生数据的特点。

那么我们用箱形图试一下看看。把女生和男生的分数从小到大排列，求出中位数（Q2）、平均数、Q1以及Q3。在此基础上绘制出箱形图图C及图D。

数据的分散程度可以用数值来表示。这个值叫作"离散"，一般来说"标准偏差"可以反映数据的离散程度（数据的测定值与平均数之间的差叫作"偏差"）。平均分为68，女生得54分的话，偏差就是54－68=－14，得85分得话，就是85－68=17。可以解释为54距离平均数14，85距离平均数17（这里可以借鉴初中时学过的平均值）。利用偏差就可以了解数据的离散情况。那么用这种方法把所有数据的偏差计算出来会怎么样呢？我们把所有女生的偏差按照从小到大的顺序排列。它们分别是（–14）、（–12）、（–10）、（–4）、（–1）、（1）、（3）、（8）、（12）、（17）。全部相加等于0，根本看不出离散程度。为了防止出现这种情况，我们将计算出的偏差平方后求和，再计算平均数。这个值被称为方差（用符号S^2表示），方差的基础上可以求出"标准差S"。

数据的值如果有单位，那么平方后得到的S^2单位也随之发生变化。为了和数据值单位保持一致，所以需要求正的平方根S。

【图A】

男生
| 60 | 45 | 72 | 86 | 50 | 53 |
| 94 | 48 | 63 | 91 | 81 | 75 |

单位：分数

女生
| 67 | 56 | 80 | 71 | 58 |
| 76 | 85 | 69 | 54 | 64 |

单位：分数

【图B】三年级X班数学考试得分的"频数分布表"

考试分数（组）	男生频数	女生频数
以上─不到		
45—50	2	0
50—55	2	1
55—60	0	2
60—65	2	1
65—70	0	2
70—75	1	1
75—80	1	1
80—85	1	1
85—90	1	1
90—95	2	0
合计	12	10

> 在频数分布表中，我们很难掌握所有偏差。

> 绘制出箱形图后可以看出各数据的偏差。

【图C】男生的箱形图

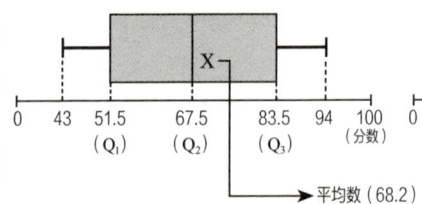

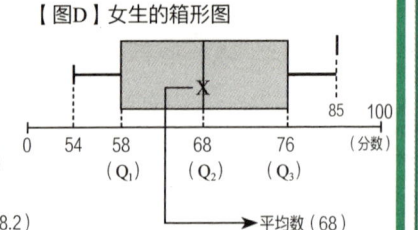

0　43　51.5　67.5　83.5　94　100（分数）
　　　（Q₁）（Q₂）（Q₃）

→ 平均数（68.2）

【图D】女生的箱形图

0　54　58　68　76　85　100（分数）
　　　（Q₁）（Q₂）（Q₃）

→ 平均数（68）

<方差与标准差的公式>

方差 1组数据有n个数值，分别为 x_1、$x_2 \cdots x_n$，该组数据的平均值为 $\bar{x}$。

$$S^2 = \frac{1}{n}\left\{(x_1-\bar{x})^2+(x_2-\bar{x})^2+\cdots+(x_n-\bar{x})^2\right\}$$

标准差 $S = \sqrt{\frac{1}{n}\left\{(x_1-\bar{x})^2+(x_2-\bar{x})^2+\cdots+(x_n-\bar{x})^2\right\}}$

注：这里以速度为例帮助理解，100km/小时 × 2小时 = 200km
（速度100km/小时，2小时后→200km），单位发生了变化！

想和别人说的统计学 ❷
图表刻度变化，给人印象大相径庭

在统计中，我们把调查出的各项数据图表化，可以让读者从视觉上更加直观地理解数据。

我们在小学时学过图表的一些基本形式，比如**柱状图**、**折线图**、**饼状图**，其实除了这些形式之外，还有**散点图**、**三角图**，以及常用于表示**股价动向的蜡烛图**等。

这些图各有各的特点，我们在展示统计数据时，要根据数据

> 我们看到的图表，在绘制时都是带有目的的。获取数据的目的不同，图表也会有相应变化。

及这些图表特点，灵活选取图表形式。即使是那些很难进行数值比较的数据，只要利用合适的图表展示，也能让人瞬间理解数据的整体情况。

但是，一定要注意，使用不同的图表，最终数据给人的印象可能大相径庭。

下面我们看一下下文中的图表"国家及地方长期债务余额"，图中标注了每一年的金额。关于这张图表的详细介绍可以参看本书第115页，在这里只用于展示图表形式变化对数据判断的影响。

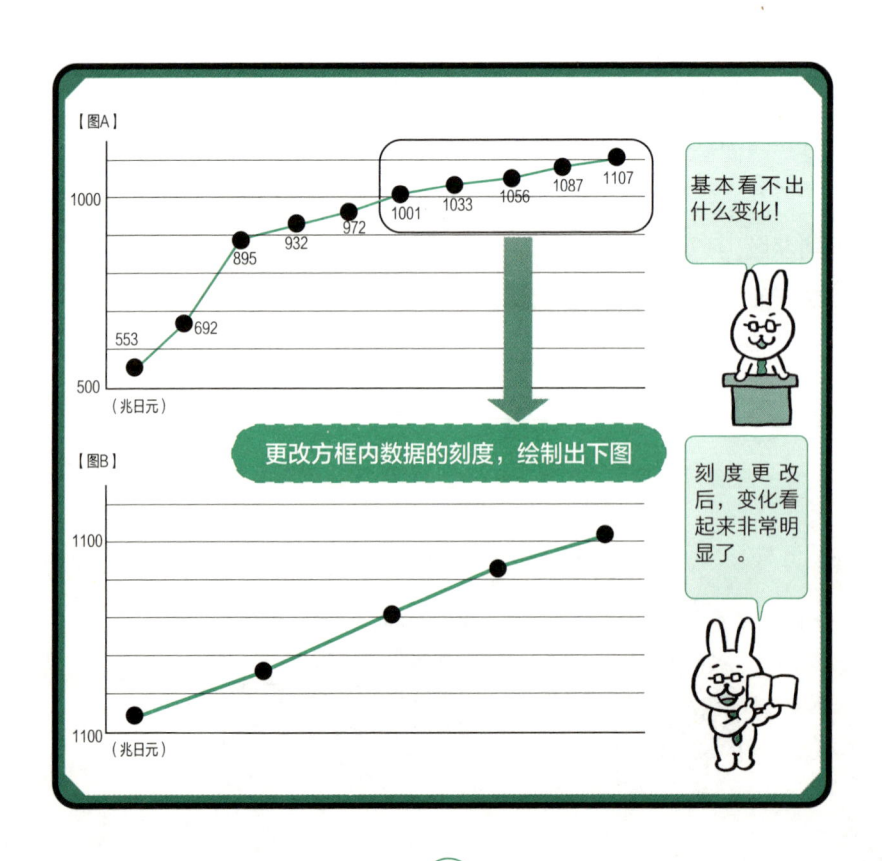

【图A】

553　692　895　932　972　1001　1033　1056　1087　1107
（兆日元）

基本看不出什么变化！

更改方框内数据的刻度，绘制出下图

【图B】

1100
（兆日元）

刻度更改后，变化看起来非常明显了。

首先来看一下图A。这个图和后面的图感觉没太大变化。图A纵坐标范围从500兆日元到1000兆日元，刻度为100兆日元。把纵坐标范围缩小至1000兆日元到1100兆日元，刻度改为20兆日元，取5年的数据绘制出图B。这样每年数据的变化程度就非常明显了。

像这样，只要稍微改变一下制作方法，绘制出的图表给人的印象就完全不同。

所以在解读图表时也一定要注意这一点。

小专栏 Column
异常值可能导致人们无法掌握数据整体情况

统计学中有"异常值"的说法,是指在统计中与其他值相差很大的值。异常值有时是因为测量或记录错误等原因导致的,也有"数据是真实而正常的,只是表现极端"。这两种异常值在本质上是不同的,但实际统计中也可能无法辨别到底是什么原因导致的。

在样本数量少的情况下,出现异常值不利于我们把握数据整体情况。下面我们看一个表现极端的例子。调查"10名小学六年级学生收到多少零花钱",其中9名学生收到1000日元,余下1名学生收到2万日元。10个人的平均零花钱是2900日元。但其实只有1个人能得到2万日元,他的零花钱是其他9个人的20倍,导致9个人平均数变为原本的3倍左右。

在统计学中,验证为什么会产生异常值是非常重要的。不是说只要是异常值就要排除在外。但我们要意识到,异常值很有可能导致人们对数据整体的印象发生变化。

第 2 章 使用这样用统计学

统计帮助人寿保险公司确定保险金

我们平时买的人寿保险的保障金额,你知道是如何确定的吗?从消费者的角度考虑,当然希望付最少的保险金,得到最大的生命保障。但是对于保险公司来说,保险金太少,保障太高,违背企业发展之道,甚至可能会遭遇生存危机。所以,保险金事关重大,不能随意决定。

人寿保险公司会**根据"一定时期内,不同性别年龄死亡情况的统计总结而成的'生命表'计算保险金**。我们无法推测出特定某个人遭遇事故的概率或寿命。但是样本够多时,可以某种程度上推测出某个特定群体遇到事故甚至死亡的概率。在这个大前提下,保险公司们根据"生命表"计算保险金。

从生命表中,我们可以得知一定年龄的人大约能活多少年,一年内的死亡率大概是多少等。保险金基于对以往死亡数据的统计,所以死亡率上升,保险金也会增加,死亡率下降,保险金自然也相应下降。保险金会随着死亡率变化而变化。

生命表按调查对象不同分为"完全生命表"和"简易生命表"。完全生命表以全国人口普查数据为依据,每5年更新1次。简易生命表则是根据人口生存状况动态统计和推测为依据,每年更新。(这里介绍的是日本的情况。)

小贴士

有时保障内容相同,但不同保险公司的人寿保险金不同,原因有多。例如,线上渠道保险比线下渠道保险人工费更低。

人寿保险公司的保险金计算方法

生命表（女）2018年　　　　　　　　　　　　　　　　　　※摘自日本厚生劳动省官方网站

年龄 x	存活数 lx	死亡数 ndx	生存率 npx	死亡率 nqx	死亡效力 μx	确定人口数 nLx	确定人口数 Tx	平均剩余寿命 e_x
50	98,034	145	0.998,52	0.001,48	0.001,42	97,962	3,731,745	38.07
51	97,889	159	0.998,38	0.001,62	0.001,55	97,811	3,633,783	37.12
52	97,730	174	0.998,22	0.001,78	0.001,70	97,645	3,535,972	36.18
53	97,557	189	0.998,07	0.001,93	0.001,86	97,463	3,438,327	35.24
54	97,368	202	0.997,92	0.002,08	0.002,01	97,268	3,340,864	34.31
55	97,166	215	0.997,79	0.002,21	0.002,15	97,060	3,243,596	33.38
56	96,951	226	0.997,67	0.002,33	0.002,27	96,839	3,146,536	32.45
57	96,726	237	0.997,55	0.002,45	0.002,39	96,608	3,049,697	31.53
58	96,489	250	0.997,41	0.002,59	0.002,52	96,365	3,953,088	30.61
59	96,239	268	0.997,21	0.002,79	0.002,69	96,106	3,856,723	29.68
60	95,970	291	0.996,96	0.003,04	0.002,91	95,827	2,760,617	28.77
61	95,679	318	0.996,67	0.003,33	0.003,18	95,522	2,664,790	27.85
62	95,361	346	0.996,38	0.003,62	0.003,48	95,190	2,569,268	26.94

根据统计数据总结出上表，以此表推测死亡年龄趋势

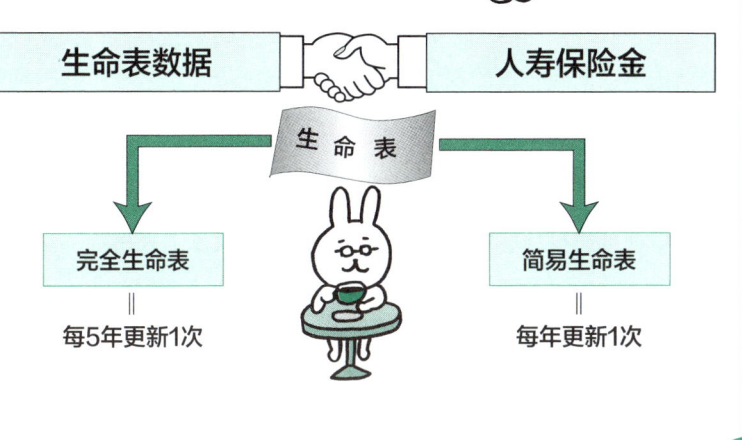

生命表数据 ⟷ 人寿保险金

生 命 表

完全生命表 = 每5年更新1次

简易生命表 = 每年更新1次

开发新商品时统计学的重要作用

现在，产品制造商想要开发新商品，如果抱着"新商品开发就是靠灵感！"这样的想法，那可真是落后于时代了。毕竟在如今的社会，商品开发仅凭创意，而没有好的数据支撑，想要打造出"爆品"是非常困难的。

与米饭相比，现在的年轻人更喜欢吃意大利面。不如在大学旁边开一家意大利面店吧。想要开这样一家店，就必须要在符合预算的前提下，研究合理的选址、目标客群、价位、命名等。核心是要抓住年轻人，这时候如果仅凭直觉是十分危险的。所以我们必须要收集各种各样的数据，以客观的视角从中挖掘出有价值的信息，而不是单纯地流行什么做什么。此时，统计学就派上大用场了。有时开发者凭丰富经验或直觉产生创意，再运用统计学逐渐把创意丰富成有客观依据支撑的方案。

数据分为质性数据和量性数据。所谓质性数据就是只规定事物类别，区别于其他事物的数据。像性别、学历、以及天气等，此类数据无法用数值度量。与此相对的就是量性数据，此类数据可以用数值衡量。比如长度、重量、体积、金额等。

　　商品种类定性靠质性数据，而营业额分析则需要靠量性数据。要分析哪些数据，要用什么方法分析，这些都须根据实际情况确定。统计是一种客观分析方式，因此大多数人都可以认同其结果。

小 贴 士

市场营销和统计学关系十分紧密。这门学科研究如何策划出顾客真实需求的商品和服务，并确保顾客获得其有效价值。

新商品　　分析质性数据

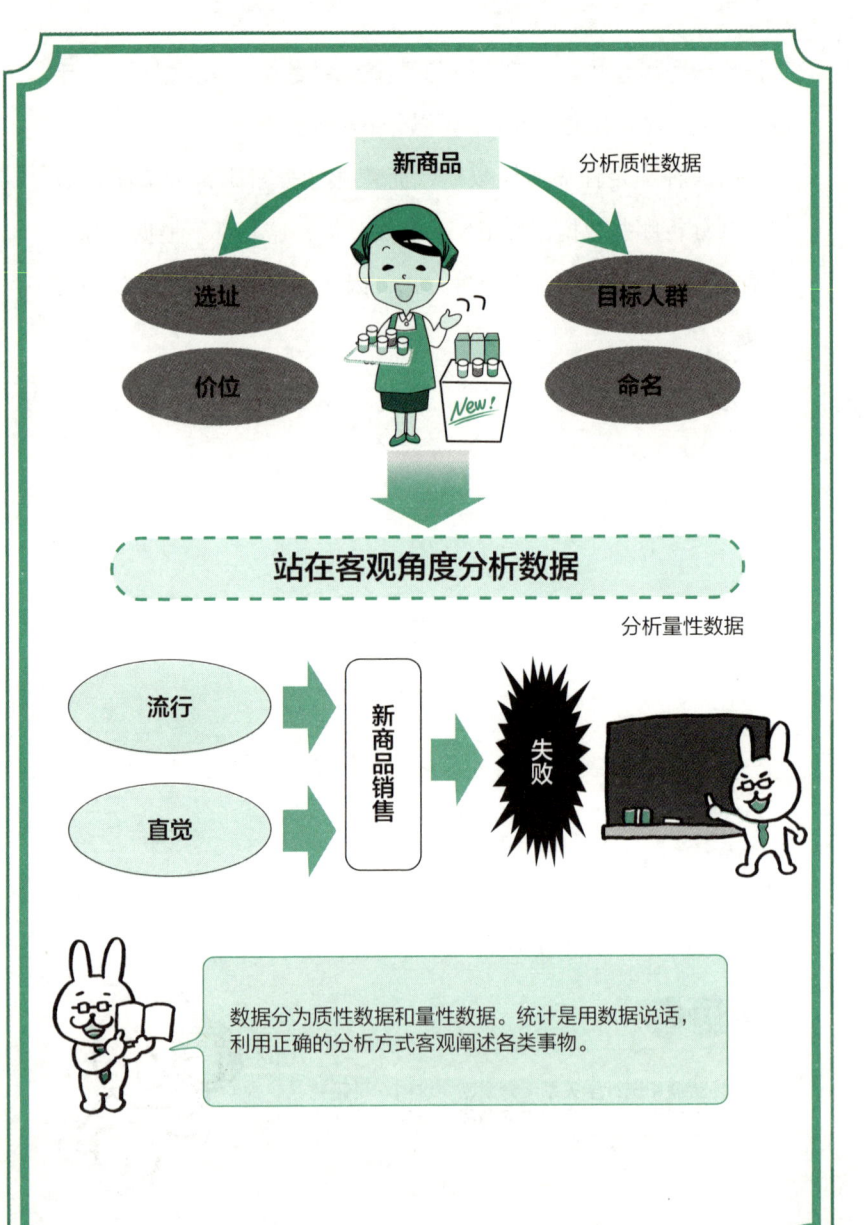

- 选址
- 价位
- 目标人群
- 命名

站在客观角度分析数据

分析量性数据

流行 ＋ 直觉 → 新商品销售 → 失败

> 数据分为质性数据和量性数据。统计是用数据说话，利用正确的分析方式客观阐述各类事物。

衡量学习能力常用到的偏差值到底是什么

报考高中或大学时，偏差值是录取的重要参考标准之一。

偏差值表示的不是考试得分，而是在本次考试全体参考人员中的名次。所以它比单纯看分数更加客观。

偏差值是在得分中减去平均分后除以标准差，得出的值乘以10倍再加50得到的值。只要有了标准差和平均分，任何人都可以计算出偏差值。偏差值以50为平均值，如果高于50，则表示得分高，如果低于50，则表示得分低。

这样即使是难易度不同的考试，只要比较每一次的偏差值，就能明确知晓自己在全体考生中的位置。举个例子，你参加了两次数学模拟考试，第一次得了50分，第二次得了80分。单纯从分数上看，好像是提高了30分，但是考试难易度不同，没法比较。此时引入与你参加同一场考试其他考生的分数，也就是比较偏差值，这样就比分数对比更加客观。

当考试考生过少时，偏差值就不起作用了。偏差值要有效，样本数量（参加考试的考生数）要多，得分分布必须可以绘制出左右对称的山形曲线（正态分布曲线）。在满足得分分布呈正态分布前提下，偏差值80以上意味着排名前0.13%以内，偏差值70以上表示排名前2.2%以内。

小 贴 士

在补习班等地参加的模拟考试经常使用到的偏差值是一个相对数值。有时偏差值55的人可能也会被差值60的学校录取。偏差值只是录取指标之一。

偏差值计算方法

$$偏差值 = \frac{得分 - 平均分}{标准偏差} \times 10 + 50$$

● **标准差**

是表示数据偏差大小的值。将数据的值与平均数之间的差（偏差）平方后的值再平均。为了让标准偏差和变量单位相同，一般取平方根的值。标准偏差通常用σ（西格玛）表示。

$$S = \sqrt{\frac{1}{n}\sum_{i=1}^{n}(x_i - \bar{x})^2}$$

$S \to$ 标准差　　$x_i \to$ 数据的值
$n \to$ 样本总数　　$\bar{x} \to$ 平均数

● **当平均分为55分，标准差为 15 分时**

小A　70分　$\dfrac{70-55}{15} \times 10 + 50 = 60$　　偏差值60

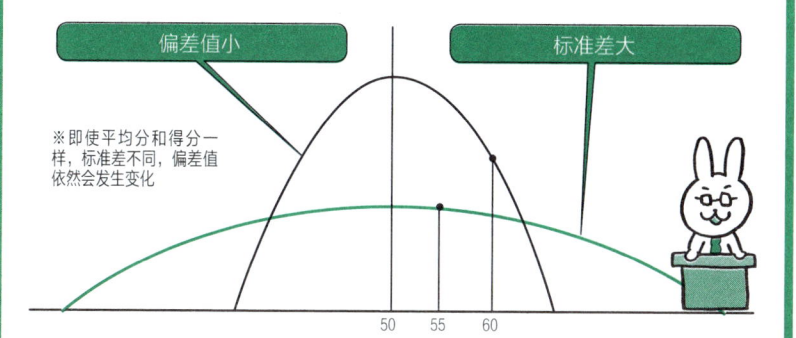

小B　40分　$\dfrac{40-55}{15} \times 10 + 50 = 40$　　偏差值40

偏差值小　　　　　　　　　标准差大

※即使平均分和得分一样，标准差不同，偏差值依然会发生变化

人气商品总有一天销量会衰退的原因

无论什么样的时代都会有爆炸性人气商品。但即使这款商品已经成为一种社会流行现象，依然无法一直保持人气。毕竟在统计学领域，已经证明了无论产品多么有人气，都必将走向没落。

持续调查人口增长和生物繁殖数量，其变化结果可以绘制出相同的曲线。这种曲线被称为"Logistic曲线"。Logistic曲线是一种增长曲线，一开始随着时间缓慢增长，到达某个点后会忽然迅速增长。

过了增长期后，增长逐渐停止，曲线逐渐平滑进入平稳期。

这种变化过程图像化后的曲线就是Logistics。在耐用品普及过程等领域中常会使用到。

人气时尚品或游戏等的销售变化也同样遵循这个曲线，从成长期到平稳期，在平稳期平稳一段时间后，很有可能会变为下滑的曲线。大家都想买人气商品，销售额自然上升，但上升总会停止。

　　销量停滞进入稳定期后,接着就会进入下降期,所以尽量延长稳定期就显得格外重要了。稳定期反映的其实是商品的普及程度。而一旦消费者厌烦了商品,无论当初它多么流行,都难逃销量下滑的命运。

小贴士

再好的爆款产品都不能卖一辈子,就连曾经风靡一时的非智能手机也被智能手机取代。某种程度可以说,商品的魅力随时间推移而减弱。

人气商品何时人气衰退

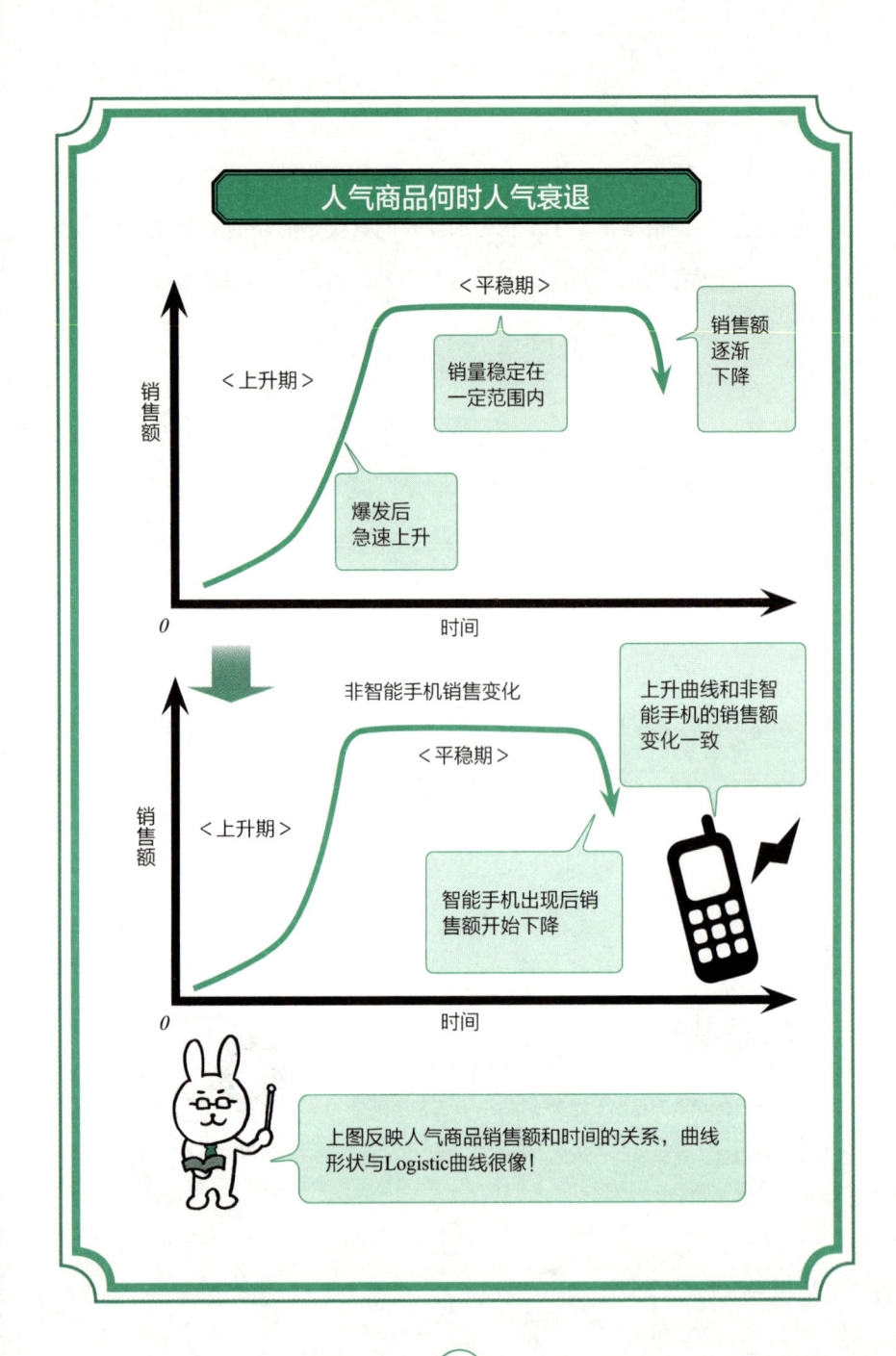

销售额 / 时间

<上升期>
爆发后急速上升

<平稳期>
销量稳定在一定范围内

销售额逐渐下降

非智能手机销售变化

<上升期>

<平稳期>

智能手机出现后销售额开始下降

上升曲线和非智能手机的销售额变化一致

上图反映人气商品销售额和时间的关系，曲线形状与Logistic曲线很像！

如何使用大数据

"大数据"这个词听起来就有一种数据量很大的感觉，实际上它不单单指的是量大，还指包含各种类型及各种形态的大规模数据集合。大数据受到极大的重视，因为它可以管理到目前为止出现的各类数据，提取并分析出对社会及商业有价值的信息，塑造新系统。

在统计学领域，使用大数据可以帮助经济发展和商品开发决策。近年来，大数据之所以能够飞速发展并得到普及，一方面得益于计算机和互联网的发展，另一方面则是超高速处理邮件、图片等数据的技术发展起到了不可小觑的作用。

大数据使用的具体实例有很多，比如办公数据、社会媒体数据、网站数据、天气信息、防盗摄像等。计算机使用记录、乘车记录、行车记录、会员卡信息等，到处充斥着各种各样的信息。

根据不同目的，从这些数据中提取有用信息组合分析，使得商品或服务开发更符合消费者实际需求。

从社交网站或软件上知道感冒开始流行,查看天气信息,结合气温和湿度,总结规律,再结合实际验证总结的规律,之后就可以预计感冒将会于何时开始流行。再进一步,可以根据这个规律制定预防感冒的措施。

大数据可以帮助经营者在经营现场制订精密的管理计划,有效平衡顾客需求和商品库存。

小 贴 士

大数据的发展也意味着如今的社会数据量爆炸,其数量往往超过普通计算机的分析能力。所以使用数据时选择合适的数据就显得格外重要。

大数据

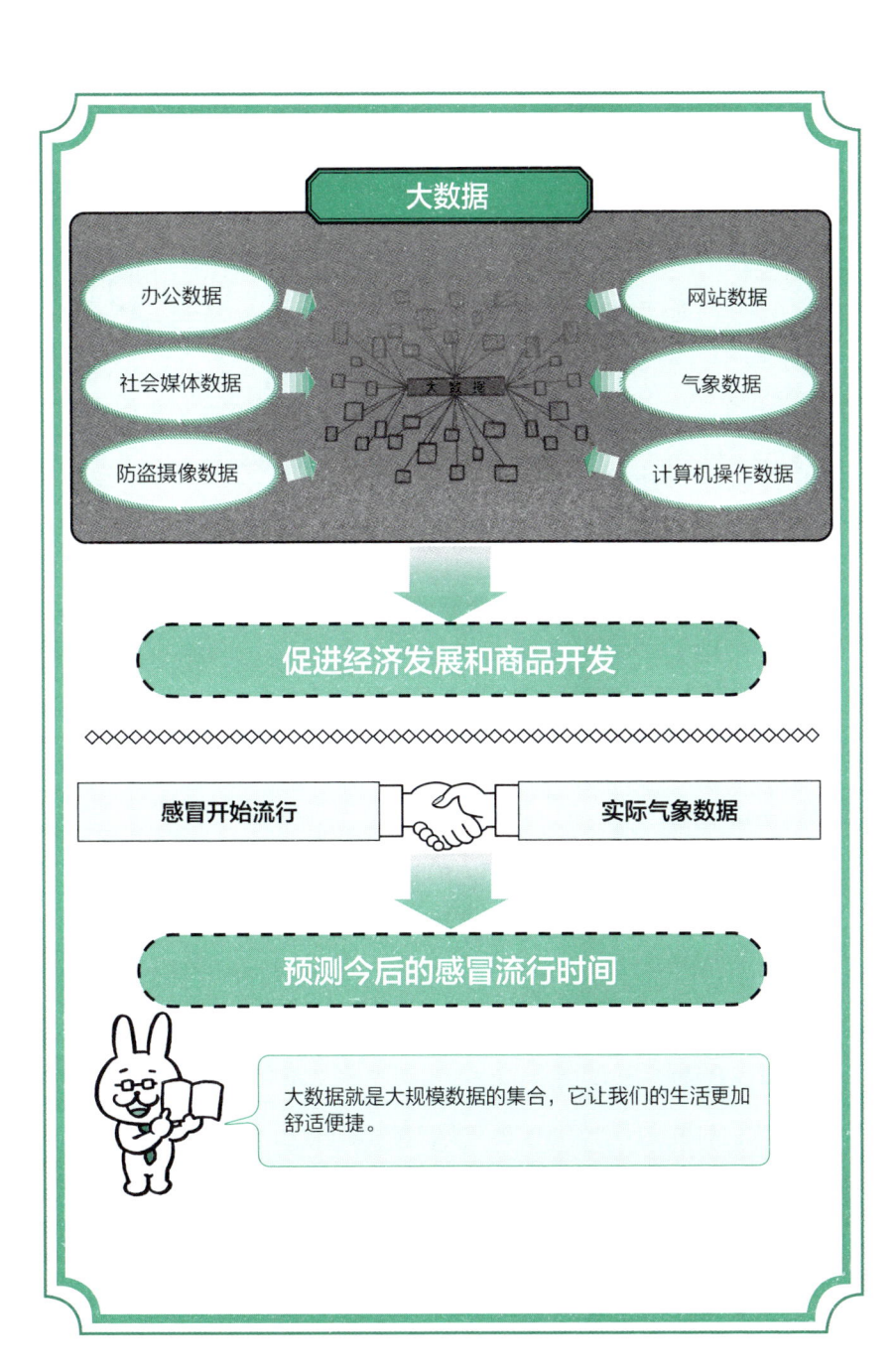

- 办公数据
- 社会媒体数据
- 防盗摄像数据
- 网站数据
- 气象数据
- 计算机操作数据

↓

促进经济发展和商品开发

感冒开始流行 🤝 实际气象数据

↓

预测今后的感冒流行时间

> 大数据就是大规模数据的集合，它让我们的生活更加舒适便捷。

统计学塑造了AI（人工智能）

像无人驾驶车这样的产品曾经只是人类的幻想，如今正一一变为现实。无人驾驶车不仅遇到障碍物时能停车，还能识别信号灯，通过自己的判断改变行程路线，更快地到达目的地。

这种自动驾驶技术能够像人类一样思考判断，是AI（人工智能）的衍生物。

所谓AI就是指计算机模仿人脑的智能行为和思维方式而产生的系统。 AI与机器人的不同点在于，机器人只是执行被输入的程序，而AI则具备自我思考能力。机器人无法应对程序以外的其他情况，而AI一旦诞生，就会不断收集信息，自我发展。所以也有人担心AI的思考能力会超过人类。

人们利用统计学大量收集人类智慧真实形态，用以研究人工智能。因此，人工智能的产生离不开统计学。可以说AI成长的基础就是不断学习大规模数据，逐渐养成判断能力。

近几年，围棋和象棋的"人机大战"一直是热门话题。AI一开始通过和人类下棋，学习基本的棋局套路，不断从过去的对战记录中汲取经验，不久下棋水平就超过了人类。大数据指导下的AI拥有人类无法企及的学习速度。

由人类教授基础内容，继而学习大数据汲取经验，从这一点来看，可以说是统计学塑造了AI。

小贴士

随着人工智能、AI的发展，将来必将会出现"消失的职业"和"消失的工作"。单纯的重复性工作等，和对机器依赖较大领域的职业和工作最终很可能会消失。

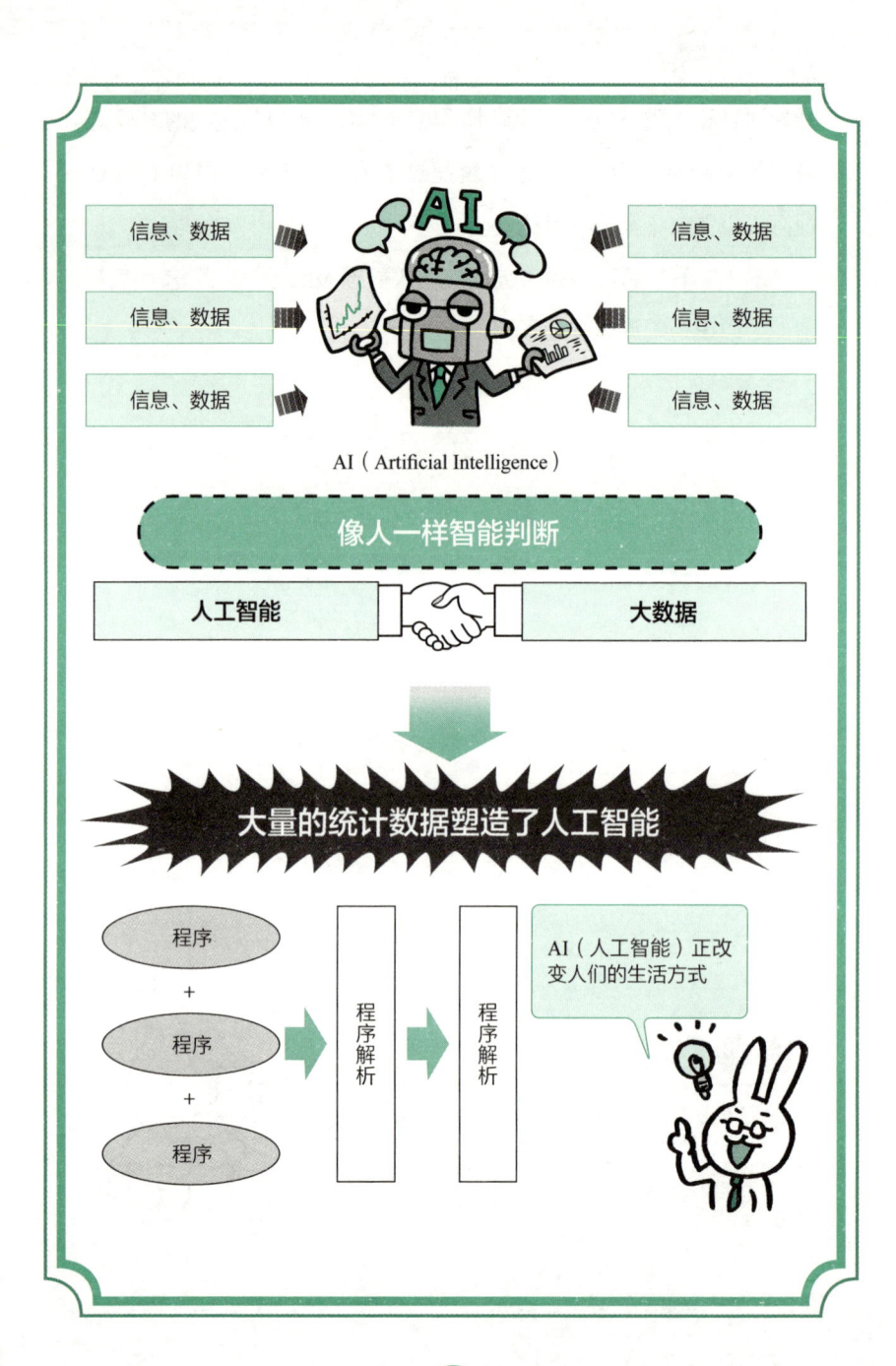

信息、数据		信息、数据
信息、数据	AI	信息、数据
信息、数据		信息、数据

AI（Artificial Intelligence）

像人一样智能判断

| 人工智能 | 大数据 |

大量的统计数据塑造了人工智能

程序 + 程序 + 程序 → 程序解析 → 程序解析

AI（人工智能）正改变人们的生活方式

什么是家计调查以及其意义

所谓家计调查指的是日本总务省调查局为了了解国民生活及经济状况进行的一种统计调查。中央通过都道府县地方政府实施调查，掌握国民家庭收支及个人消费情况，为国民经济及制定政策法案提供必要的基础资料。

各地方长官任命专门的统计调查员，调查员会向被调查家庭发放家计簿。这些被调查家庭是随机选择的，他们会在家计簿上记录每日收支。另外，年收入调查表中要填写过去一年家庭年收入，储蓄、借款等都要录入储蓄调查表中。

每半个月调查员回访被调查家庭，回收1次家计簿，并送到都道府县地方机构，再经由各地方集中到总务省统计局。总务省统计局检查家计簿中内容，整理分析调查结果，绘制出统计表再发布给中央和地方各机构。

那么，了解完家计调查的实施过程，大家是不是大概能猜到从这个报告中可以得到哪些信息呢？

比如，有了各个家庭的收入和支出的类别及金额的数据，就可以掌握全国平均情况，各都道府县也可以相互比较。同时，也可以知道不同年龄层的家庭收入。再分析得详细些，还可以按照金额大小，列出每个县各自的支出类别排名等。政府进行行政管理时也可以利用这些数据。另外在调查食品供给和价格分布，或者计算居民消费价格指数时，也会用到这些数据。

家计调查是掌握居民生活情况的基本统计调查，对于国策制定起到了极其重要的作用。

小 贴 士

家计调查的作用之一是通过调查日本国内的家计支出，以掌握个人消费情况。从2002年开始，储蓄和负债也被列入调查范围，调查结果公布时分为家计收支篇和储蓄、负债篇。

家计调查 ——🤝—— 全国人口普查

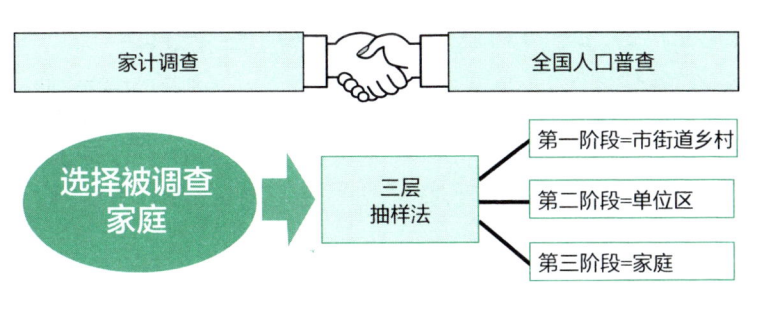

选择被调查家庭 ➡ 三层抽样法
- 第一阶段=市街道乡村
- 第二阶段=单位区
- 第三阶段=家庭

● 家庭数量的分配

※摘自日本总务省统计局网站

地 区	被调查市街道乡村数	被调查两人以上家庭数	被调查单身家庭数
全 国	168	8076	673
都道府县厅所在市及大城市	52	5472	456
人口5万以上城市（不包含上一栏中城市）	74	2100	175
人口不足5万城市及街道乡村	42	504	42

（家庭）

家计调查所得信息
- 家庭收入
- 家庭财务收支
- 支出类别及金额……

家计调查可以掌握国民生活状态，它是国家基本统计调查之一，对于国策制定起到了极其重要的作用。

统计数据不正确导致哪些问题

日本厚生劳动省每月公布劳动者统计调查。这项调查展示劳动者人均现金工资总额（名义工资），以及扣除物价变动影响后的实际工资。因此，它被认为是反映国家经济状况的重要统计调查之一。其调查结果也被用作计算国内生产总值（GDP）和确定社会保险基数。如此重要的统计调查，厚生劳动省却在长达15年的时间内，以不恰当的方法实施。该事件被称为"统计不当问题"。

这项调查的调查对象原本应该包含东京都内所有员工在500人以上的企业（普查），实际却只调查了其中的三分之一。东京的大企业工资应该是很高的，但是只调查了三分之一，也没有进行适当

小贴士

如果一个国家的统计数据令人存疑，那么它在国际社会的信誉也毫无疑问会大打折扣。统计不当问题严重影响了日本的国家信誉。

的统计处理。这些导致统计出的数据变低，其结果导致社会保险的失业补助金支付额被压得很低。据悉其影响涉及1900万人。每月的劳动者统计不仅限于工资，还有劳动时间。作为一项重要的统计，它可以反映包括加班在内的劳动环境变化。

　　因被爆出从2004年开始持续出现统计不当问题，厚生劳动省（以及现任当局）被迫修正数据，但并没有改正所有数据，而是只修改了2018年以后的数据。结果是，2018年以后工资水平猛然上升。可以说，厚生劳动省犯了不应该犯的错误。

劳动者统计调查

↓

统计每个劳动者实际工资

统计不当具体是什么问题

√ 正确的调查方法　　× 错误的调查方法

东京都内员工在500名以上的企业　　东京都内员工在500名以上的企业

调查所有符合条件的对象　　调查1/3符合条件的对象

东京都公司的工资往往比其他县高。只调查其中的三分之一会导致劳动者整体工资水平降低！

实际工资降低 → 领取的失业保险金降低

从2004年开始持续出现统计不当情况

想和别人说的统计学 ③
中奖率越低,中奖金额越高

正如"统计学"中有"概率论",统计和概率的关系是极为密切的(参看本书第五章)。下面我们来了解一下彩票中奖概率。在日本发售的彩票中,乐透7、toto等都是比较有代表性的高额奖金产品,甚至还有最高奖金金额达到10亿日元的彩票。

10亿日元,这个数字光听起来就令人疯狂。但放眼世界,你就会发现这点儿金额在彩票界可以说是平平无奇了。意大利有一

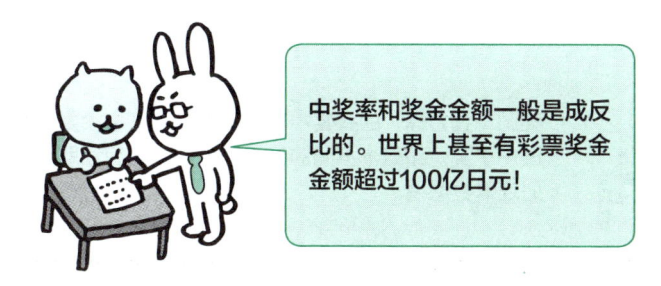

中奖率和奖金金额一般是成反比的。世界上甚至有彩票奖金金额超过100亿日元!

种彩票叫作"超级乐透",一种选择数字投注的彩票,自1997年开始发售。彩票规则和日本的乐透6相似。乐透6是从1—43中选出6个数字,而超级乐透是从1到90中选出6个数字。如果选出的6个数字和开奖数字完全一致,即中得头奖。该彩票的中奖概率是1/622,614,630。日本乐透6的头奖中奖概率是1/6,096,454,可见超级乐透的中奖概率有多低。

在2009年8月22日,一位居住在意大利巴尼奥内镇的意大利人中奖,获得奖金147,807,299欧元。按照当时的汇率1欧元兑换134日

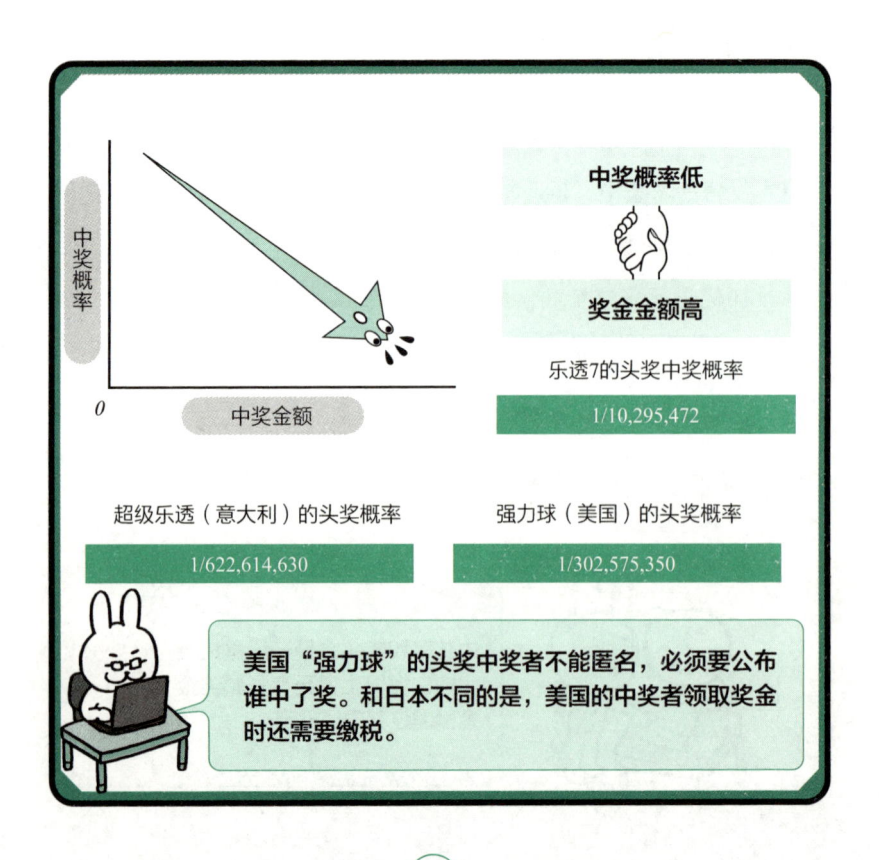

中奖概率低

奖金金额高

乐透7的头奖中奖概率
1/10,295,472

超级乐透(意大利)的头奖概率
1/622,614,630

强力球(美国)的头奖概率
1/302,575,350

美国"强力球"的头奖中奖者不能匿名,必须要公布谁中了奖。和日本不同的是,美国的中奖者领取奖金时还需要缴税。

元左右，换算成日元大约是200亿日元。但人外有人，天外有天，在美国的数字选择彩票"强力球"中，开出的奖金金额约合日币1700亿日元，金额之大，令人咋舌。不过美国和日本不同，中奖奖金需要缴纳税金。另外，领取方法也有两种，当场领取的话，税金大约扣除奖金一半。尽管如此，还剩下约850亿日元，美国的彩票真是太疯狂了。顺便说一句，"强力球"的中奖概率是1/302,575,350。据说人一生中被雷劈中的概率是一千万分之一。

> 小专栏
> Column

从期望值看，彩票可以"买一个梦想"吗

像前文说的那样，在日本，彩票的一等奖奖金额可能高达10亿日元，但在国外，一等奖的奖金甚至超过了100亿日元。高额奖金成为热门话题，不少人听到后幻想自己会中奖，下意识买了彩票。年末巨奖彩票中几亿日元的奖金也是可以理解的。东京都银座站前的彩票中心号称中奖中心。也有人说，那里售出的彩票数量多，自然容易出一等奖。话说回来，在最容易中奖的地方买彩票确实会让人更加兴奋。

2018年年末巨奖彩票的一等奖奖金是7亿日元，中奖概率是2000万分之1。虽然概率低，但是不买的话就肯定不会中奖。计算一下彩票的期望值约为45%，但如果考虑"买一个梦想"的话，也许代价并不算高。

第3章 向统计学家学统计学

人口普查始祖
奥古斯都
公元前63—公元14年

  古罗马帝国奥古斯都一世（盖维斯·屋大维·奥古斯都）时代，已经对当时国民进行了人口普查，形式类似现在的人口普查。奥古斯都的最初目的是要准确掌握17岁以上且拥有罗马公民权的成年男性，也就是可以服兵役的人数。但是奥古斯都实施调查时不仅限于成年男子，连女性、儿童、奴隶也都被列入调查对象，全面而广泛地调查了国民现状。他以调查结果为依据，准确掌握了国家的人口情况，制定新的政策，建立了面向所有国民的公平征税体系。奥古斯都还进一步提出对服兵役的士兵给予报酬。当时普查数据显示可服兵役的成年男子达400万以上，国家必须要确保充足的财源，来提供退职金给退役军人。所以他通过普查准确掌握国家人口，制定征税系统，建立了针对完成兵役的男性的退职金制度。

  据说现在"普查"的英文单词"census"，其词根"cens"就是指古罗马当时的调查。

> 小知识点！
> 根据《路加福音》记载，耶稣基督诞生的时候国家也进行了人口普查。

用概率论研究赌博
吉罗拉莫·卡尔达诺
1501年9月24日—1576年9月21日

吉罗拉莫·卡尔达诺出生于意大利米兰。在代数领域，他最著名的成就之一是最早运用虚数等概念解三次代数方程。他的父亲是达·芬奇的朋友，一位精通数学的律师。卡尔达诺是其私生子。他的大学专业是医学，当时被认为是不擅长与人交往的怪人。

大学毕业之后，也因为性格原因，他一度找不到工作。之后好不容易当上了医生，他因发现肠绞痛和过敏，研究砒霜中毒而一举成名。另一方面，他没有朋友，花钱大手大脚，为了在赌博中取胜，运用自己优秀的头脑，研究出概率论挑战赌博。当时人们普遍认为，赌博的胜负取决于直觉和经验，没有人用科学的方法计算获胜概率。卡尔达诺利用概率论得出推断，在赌博中获胜率很高。后来诞生的推测统计学也是以卡尔达诺的赌博游戏概率理论为基础的。

> 小知识点！
> 卡尔达诺喜欢赌博，甚至为了赌赢创立了概率论。不过他也留下了这样一句话："对赌徒来说，不赌博才能实现利益最大化。"

人口调查与政治算术
约翰·格兰特
1620年—1674年

在17世纪的英国，政府通过查看各教区记录来掌握人口情况。教区记录本身只是一堆基础数据，英国商人约翰·格兰特注意到这些数据并尝试进行整理和分析。

格兰特通过这些数据，调查了**人口的变化和不同地区各种死亡类型的占比，发现不同地区的人口变化是有规律的**。比如说，约三成的新生儿活不到6岁；自然老死的人只占总人口的1%左右；城市男性人口比例大于乡村。这些有价值的信息都被记录并保存了下来。在统计和分析这些数据的过程中，格兰特注意到许多社会现象是有规律的。于是他以此为基础，预测了英国未来的人口。在他之前，所谓的统计只不过是记录汇总数据。所以格兰特的报告在当时是具有划时代意义的。**格兰特将这种分析方法命名为"政治算术"**。

小知识点！

"统计学"这个词在18世纪才出现。据说是英国政治兼经济学家约翰·辛克莱尔首先开始使用的。

经济学、统计学之父
威廉·配第
1623年5月27日—1687年12月16日

16世纪，欧洲各国开始扩张势力，互相竞争。此时人口和贸易在国家扩张中扮演了重要角色。到了17世纪，人们对用数字衡量人口和产业的兴趣高涨。德国将其命名为"国势学"，不断进行调查和研究。而英国则流行将国家的实际状况和社会结构数值化，以掌握本国国力，从统计学的角度预测未来。约翰·格兰特将这种思维方式称为"政治算术"，他的朋友威廉·配第将其推广发展。后来配第写了一本书叫《政治算术》，书中主要内容是关于国家统治的诸事项需要用到的数字指标以及推测方法。这本书堪称国际政治经济的专业书。也因为著有这本《政治算术》，威廉·配第被称为"统计学之父"。

实际上，在经济学界，威廉·配第也是一名响当当的大人物。他被称为"英国古典经济学派之父"，他和亚当·斯密、大卫·李嘉图等著名经济学家一样，出现在经济学史课本最开始的章节。

> **小知识点！**
> 威廉·配第原本是一名船员，后来成了一名医生。他还是近代政治学者托马斯·霍布斯的弟子，是一位博学多才的学者。

日本统计推行者
德川吉宗
1684年11月27日—1751年7月12日

日本的统计调查，就目前已知的记录来看，起源于大化改新（发生于公元645年的古代日本社会政治变革运动）时期。当时为了实行班田收授制度，政府进行了户籍调查。1592年，丰臣秀吉为掌握全国人口情况，发布了"人扫令"进行了全国性的户籍调查。此后，因江户时代（1603—1868）三大改革之一的"享保改革"而闻名的第八代将军德川吉宗，为了取缔基督徒，实施了全国性的人口调查。调查大概每五年一次，不过将武士排除在调查对象之外。调查方法也不是非常恰当，其正确性存疑。到了明治时代（1868—1912），西方的统计学传到日本。从很早开始，福泽谕吉和大隈重信等人就意识到了统计对于掌握社会状况的必要性，于是大力提倡设立统计院。明治维新时，箕作麟祥在翻译和编纂西方学术书籍过程中，提出了统计学的重要性。与此同时，杉亨二提出必须在日本实施人口统计调查。杉亨二被称为日本近代统计学的创始人。进入明治时期，国家颁布了人口普查相关法律。不过最初真正意义上的人口普查是从1920年才开始的。

小知识点！

虽然早在19世纪后半期就颁布了人口普查相关法律，但第一次真正意义上的调查是在1920年。当时是受日俄战争和第一次世界大战的影响。

现代社会使用的贝叶斯统计学
托马斯·贝叶斯
1702年—1761年4月17日

17世纪，英国牧师兼数学家托马斯·贝叶斯活跃于统计学领域，奠定了贝叶斯统计学的基础。不过由贝叶斯提出的贝叶斯理论，在他生前并未发表。贝叶斯死后，他的朋友理查德·普莱斯在文件中发现了贝叶斯理论，于是整理并发表了这一理论，但当时无人认同。又过去100多年，数学家弗兰克·拉姆齐再次发表贝叶斯理论时，贝叶斯统计学才开始受到关注。贝叶斯理论现在运用于我们日常使用的电子邮件技术中。它的主要作用是区分必要邮件和垃圾邮件，也就是我们常说的邮件过滤功能。这个分配功能叫作贝叶斯滤波器，其原理是贝叶斯理论。贝叶斯理论是指，以过去发生的事情概率为基础，进行今后事件的预测。贝叶斯理论也被用于以概率为基础的人工智能，可以说是当代不可或缺的重要理论之一。

> **小知识点！**
> 贝叶斯理论曾经长时间不受重视，它得到关注的原因之一，是在第二次世界大战中为破译纳粹密码做出了贡献。

霍乱的感染源和统计
约翰·斯诺
1813年3月15日—1858年6月9日

19世纪初，英国霍乱大流行。那时出生在英国北部的约翰·斯诺才24岁，还不是医生，但此时他已经为照顾霍乱患者而四处奔走。后来霍乱再次大流行，从伦敦传到其他各城市，此时的斯诺作为医生要与霍乱正面交锋了。在这个时代，人们尚不知霍乱弧菌，斯诺医生首先彻底调查并收集发生霍乱地区的周边信息，为防止疾病大流行做了各种努力。通过分析调查结果，斯诺提出了"霍乱细菌来自饮用水"的假说。他研究了当地居民抽取井水的情况和霍乱患者分布区域，成功地查明了霍乱的感染源是井水。也有人质疑感染源是否是井水，但停止使用被怀疑为感染源的井水后，发病人数和死亡人数骤减。

斯诺通过收集大量调查数据，利用统计的方法加以分析，证明了他的推测。1883年，也就是那之后的30年，科赫在德国发现了霍乱弧菌。

小知识点！
研究霍乱等集体疫病流行的学科被称为"流行病学"。斯诺因研究霍乱的功绩而被称为"流行病学之父"。

对统计学的发展做出贡献
弗洛伦斯·南丁格尔
1820年5月12日—1910年8月13日

说起弗洛伦斯·南丁格尔，大家都知道她是白衣天使，被称为"近代护理教育的创始人"。其实她与统计学也有着非常深的渊源。南丁格尔从小接受高等教育，她本身对数学和统计非常感兴趣。

在克里米亚战争时期，南丁格尔加入护士团，在野战医院工作，主要负责护理伤病员。她发现导致大多数伤病士兵死亡的真正原因并不是在战斗中受伤，而是受伤后的护理方法不当或卫生条件不佳。于是她致力于改善卫生状况，伤病兵的死亡率大幅减少。南丁格尔本身具备了统计学知识，于是她收集并分析了军队的伤病员因为卫生问题而死亡的线状数据，并在国会议员面前做了演讲。南丁格尔是首个女性英国皇家统计协会会员，在英国人民心中，作为统计学先驱者，她的名字将永久流传。

小知识点！
在克里米亚战争之后，南丁格尔继续关注医院的卫生管理，并制作了统计档案，为改善全世界的医疗制度做出了卓越的贡献。

直方图的设计者
卡尔·皮尔逊
1857年3月27日—1936年4月27日

收集、统计数据，用图表和分类等简单易懂的方式表现数据的倾向或特征，这种统计被称为描述性统计。进入20世纪以后，人们对统计学的需求越来越大，产生了一种全新的统计概念，叫作推测统计学。费舍尔提出的随机化思维为推测统计学奠定了基础。而英国统计学家卡尔·皮尔逊则确立了描述统计学基础。卡尔·皮尔逊发明了用柱状图来表示数量数据的方式。没有间隙的柱状图适合比较数据的量及分布的幅度。衡量数据分布幅度的指标就是标准偏差。直方图和标准差大大促进了统计学的发展。

皮尔逊使用统计学方法研究遗传和生物进化。在研究中，他发明了用标准差计算相关系数。为了检验样本是否能真实反映调查对象母体状态，他又发明了卡方检验。这些都对统计学的发展产生了巨大的影响。

> 小知识点！
> 皮尔逊完善了描述统计学，费舍尔确立了推测统计学。他们都致力于研究遗传学，但两者的研究思维完全不同，因而出现了激烈的对立。

随机化和推测统计学

罗纳德·费舍尔

1890年2月17日—1962年7月29日

罗纳德·费舍尔被称为"现代统计学之父",从小就展现出数学方面的才能,同时对生物学也很感兴趣。在大学里他成立了优生学研究会。大学毕业后,正值第一次世界大战爆发,他一边教书一边进行统计学和遗传学研究。从19世纪到20世纪,统计学的主要目的被定义为发现母体的规律性,所以为了发现规律,只能观察大量的样本。也就是说,如果样本数量太少,不具有普遍性,是不能寻求母体规律性的。在样本不足的情况下,费舍尔提出了应对方法——推测统计学。推测统计学是一种根据随机抽取的样本(部分个体),推测母体性质和特征的统计学。通过增加从母体中随机抽取的样本,无限地重复抽取,使原本只是母体一部分的样本能够推测母体。这种思维方式叫作随机化。

小知识点!

费舍尔不仅仅在统计学领域,而且在遗传学领域也取得了卓越的成就。他和妻子生下了8个孩子,据说他对每个孩子都做了遗传学的考察。

想和别人说的统计学 ④
庞加莱买面包的故事

有一位法国统计学家叫庞加莱。这一节我们聊一聊关于他的一个有趣的小故事。

庞加莱曾经每天去同一家面包店买1个1000g的面包。每次带着面包回家后,他都要测量下面包的重量。当时面包都是面包师手工制作,多少会有些误差。如果重量在990g到1010g之间是可以理解的,毕竟上下浮动10g还算在容许的范围内。庞加莱在大约1年

> 在统计学中经常出现"正态分布",灵活运用此概念有利于掌握数据的整体情况。

的时间内每天测量买回来的面包。所有面包重量数据绘制出的图像，呈正态分布。每个面包都接近1000g，那么平均数也差不多是1000g。但最后实际数据最终绘制出的图像，其平均数是950g（详见图1）。

所以从中可以看出面包店偷工减料，每天按照950g的标准做面包，却以1000g重量卖出。于是庞加莱把结果告知了面包店主，要求他停止偷工减料。

此后，庞加莱继续每天记录买来的面包重量。这一次数据分布

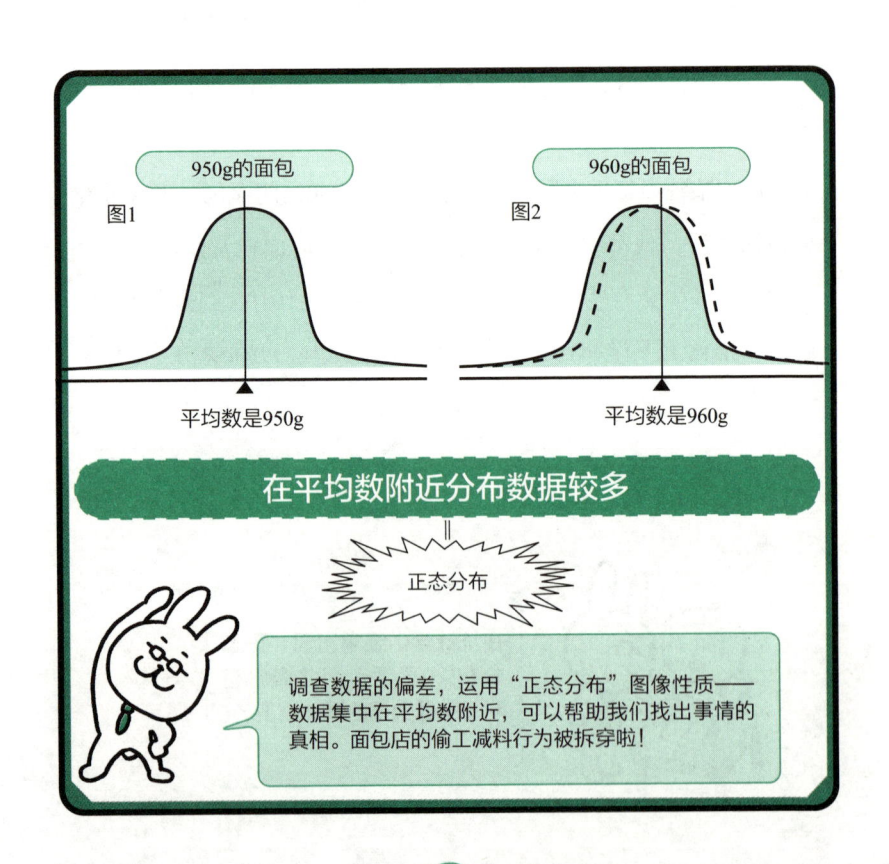

图1　950g的面包　平均数是950g

图2　960g的面包　平均数是960g

在平均数附近分布数据较多
＝
正态分布

调查数据的偏差，运用"正态分布"图像性质——数据集中在平均数附近，可以帮助我们找出事情的真相。面包店的偷工减料行为被拆穿啦！

如图2，图像形状偏离正态分布，平均数是960g，比950g多了一点儿（竖线与曲线交会点）。

庞加莱根据这个图推测，面包店每天卖给他的面包肯定经过挑选，捡大个的给他。所以950g以下的面包减少了，而1000g以上的面包数量却略微增加。所以实际制作时还是以低于1000g的标准制作的。

收集大量数据，用图表展示数据分布情况，曲线最高峰位于平均数所在位置。这就是统计学中的正态分布。

> 小专栏
> Column

社会差距会导致什么问题

最近经常听到"社会差距"这个词。世界人口已超过70亿,其中约10%为贫困人口。世界银行在2015年将国际贫困线设定为每天生活费或收入为1.9美元。目前已知符合此条件的人口大约有7.36亿。以此数值为基础可知全世界人口的贫困率约为10%。1天1.9美元的生活,是一种什么样的状态呢?日本、美国、英国、法国、德国的"人均国民总收入"(GNI)分别为39,881美元、58,876美元、39,333美元、37,412美元、43,174美元。每一天分别是109美元、161美元、108美元、102美元、118美元。以上的人均收入大约是贫困阶层的50至80倍。这个数值一般被称为"经济差

距"。此外，学习能力差距、学历差距、阶层差距等词也时常被人们提及。

  过往的历史告诉我们，贫富差距扩大，社会稳定就会遭到破坏。21世纪以来，人们逐渐意识到这个问题，媒体也开始使用"社会差距"一词，讨论与此相关的一系列社会问题。

第4章

分析

用统计发现国家的真实情况

5年1次的"国势调查"有什么意义

如今,人口、户数、产业结构等信息都在"国势调查"(又称日本人口普查)的范围内。每5年1次的大规模普查和简易调查交替进行。1920年日本进行了第一次正式的国势调查。2015年实行了第二十次简易调查。下一次大规模普查是2020年。国势调查的调查方法有两种:一种是大规模普查(22个调查项目);一种是简易调查(17个调查项目)。不同的调查项目分开进行(有的年份调查项目数等会有改变)。10的倍数年份都进行大规模普查,除此以外的年份都进行简易调查。

调查以家庭为单位。所谓"家庭"就是居住和生活在一起的个人组织,比如"一家人"就是典型的"家庭"。还有一种情况,几个朋友住在一间公寓,成为居住在一起的舍友。这种情况也是生活在一起的个人组织,当然也算一户"家庭"。

国势调查的一大目的之一就是为政治及行政规划等领域提供统

计数字。地方缴税配额、众议员选举区划分等都需要使用"国势调查"提供的数据。

另一个目的是用于民间和研究领域。比如在研究经济动向,换言之,就是在研究市场规模、需求的动向时,就需要使用国势调查数据。除此之外,调查也为劳动力调查、家计调查、国民生活基础调查、未来人口推测等提供基础数据。2015年,日本人口数量开始减少。所以国势调查是了解日本国情的一项基本调查。

小贴士

1879年,杉亨二在现在的山梨县主持了"甲斐国[1]现住人口特别调查",这次调查可以说是日本国势调查的原型。当时整个社会还不是很了解调查背后的意义。

---

[1] 甲斐国:日本山梨县旧国名甲斐。

日本国势调查与人口动向

	实施年份	调查方法	调查人数
第1次	1920年	大规模普查	55,963,053
第2次	1925年	简易调查	59,736,822
第3次	1930年	大规模普查	64,450,005
第4次	1935年	简易调查	69,254,148
第5次	1940年	大规模普查	73,114,308
第6次	1947年	简易调查	78,101,437
第7次	1950年	大规模普查	83,199,637
第8次	1955年	简易调查	89,275,529
第9次	1960年	大规模普查	93,418,501
第10次	1965年	简易调查	98,274,961
第11次	1970年	大规模普查	103,720,060
第12次	1975年	简易调查	111,939,643
第13次	1980年	大规模普查	117,060,396
第14次	1985年	简易调查	121,048,923
第15次	1990年	大规模普查	123,611,167
第16次	1995年	简易调查	125,570,246
第17次	2000年	大规模普查	126,925,843
第18次	2005年	简易调查	127,767,994
第19次	2010年	大规模普查	128,056,026
第20次	2015年	简易调查	127,094,745
第21次	2020年	大规模普查	预计

第1次调查
人口：约5600万

人口总数突破1亿

首次出现人口减少

国势调查的统计数据反映国内人口和家庭情况，是行政决策的基础资料。

统计数据显示的超老龄化社会

　　老龄化社会是指65周岁以上的人口占总人口比例很高的社会。 65周岁以上的人口占总人口的比例叫作老龄率。根据联合国发表的数据，预计到2050年，全世界65周岁以上人口将占总人口的18%。据估计，未来到2050年，OECD（经济合作与发展组织）的所有成员国都会步入"超级老龄化"社会，即每3个适龄劳动力（20—65周岁）要负担1个65周岁以上老年人。

　　日本当然也不例外。根据国势调查结果，1970年的调查中老龄率为7.1%；而到了1995年，该数字上升至14.5%。日本总务省公布数据预计到2018年9月15日，65周岁以上人口将达到3557万，占总人口的28.1%，再一次刷新老龄率纪录。这个数字意味着每4个人中就有1个是65周岁以上的老年人。

　　老龄化社会的主要原因之一是现代医疗技术的发展延长了人们的平均寿命，另一个原因是新生人口减少。 如果老龄化社会按照现在的速度发展，预计到2020年，老龄率将达到29.1%，到2035年，老龄率将达到33.4%。每3个人中就有1个人年龄在65周岁以上。

那么，老龄化将会给社会带来哪些影响呢？首先适龄劳动人口减少，劳动力不足导致国家GDP减少，经济下滑。

另外，为了负担老年人的医疗费用和退休金，国家可能会提高税收。再有就是照顾老年人的人手不足。这些问题都必须以统计数据为基础进一步研究解决方案。

小贴士

出生率低、医学进步等原因导致人均寿命迅速增长，社会老龄化严重。日本政府正全力施行相关政策避免老龄化给经济及社会服务等带来的不良影响。

日本老龄化社会状态

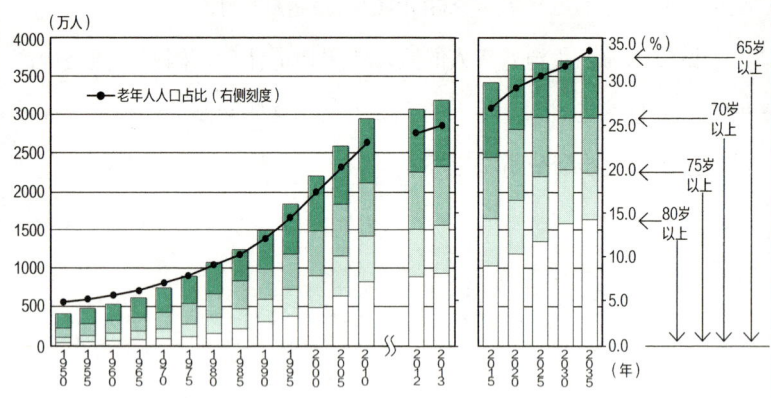

（万人）

老年人口占比（右侧刻度）

数据来源：1950—2010年来自"国税调查"；2012年及2013年来自"人口推算"；2015年以后来自"日本未来推算人口（2012年1月推算）"中的出生（中等）死亡（中等）推算（"日本国立社会保障·人口问题研究所"制作）

注：2012年和2013年数据截至9月15日，其他年份截至10月1日

摘自：日本总务省统计局资料

主要国家老龄率对比

国家	老龄率
日本	27.05
美国	15.41
英国	18.52
德国	21.45
瑞典	19.99
法国	19.72

※资料来自日本财务省，老龄率日本为2016年数据，其他国家为2015年数据。

※图表摘自《有趣得让人睡不着：图解经济学》（日本文艺社）

社会老龄化会可能会导致退休金、劳动力不足，甚至可能导致国家整体经济发展停滞不前！

从统计数据看社会贫富差距现状

现在很多人感到社会的贫富差距在逐渐扩大，人与人之间收入或工资的差距越来越大。贫富阶层两极分化严重。有的人住着价值数亿元的豪华别墅，也有人身负贷款，完全没有存款。在统计学上有一个衡量差距的常用经济指标叫作基尼系数。所以想要弄清社会的实际状态，首先要知道基尼系数。

基尼系数是意大利统计学家基尼设计的系数，用来表示收入的差距。把所有家庭完全相等没有差距的情况设为"0"，把只有一人独占所有财富的情况设为"1"，那么0—1之间的数值就是衡量贫富差距程度的数值。

所以越是接近1，社会贫富差距就越大。基尼系数的计算数据来自政府统计的全国消费实际情况调查、家计调查、国民生活基础调查、收入再分配调查等。从第105页的图A中可以看到日本的基尼系数的变化趋势，从1980年开始收入差距逐年上升。1980年的基尼系数为0.31，2015年为0.34，略微上升。被认为贫富差距较大的美国当年的基尼系数为0.39。发达国家的系数都在0.3左右。目前国家希望用调控政策将基尼系数降至0.3以下（使用税前所得和税后所得计算出的基尼系数是不同的）。日本安倍政府曾表示，股价上升等现象标志着日本经济正持续复苏。不过，富裕阶层和贫困阶层日益严重的两极分化问题仍然亟须解决。

> **小贴士**
>
> 以下为2016年的基尼系数：日本0.34、美国0.39、中国0.465、英国0.35、德国0.29。

发达国家的基尼系数

【图A】

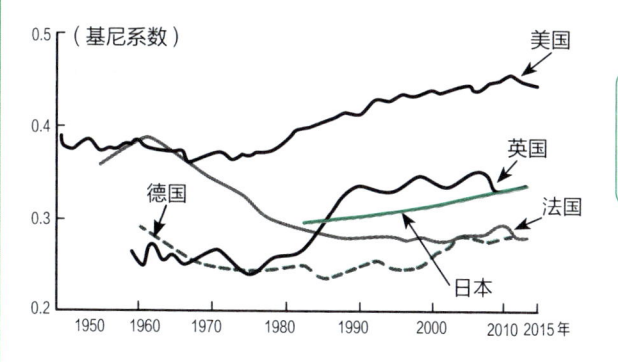

(基尼系数)

美国、英国、法国、德国、日本

1950 1960 1970 1980 1990 2000 2010 2015年

> 日本的基尼系数在缓慢上升！

新兴国家和发展中国家的基尼系数

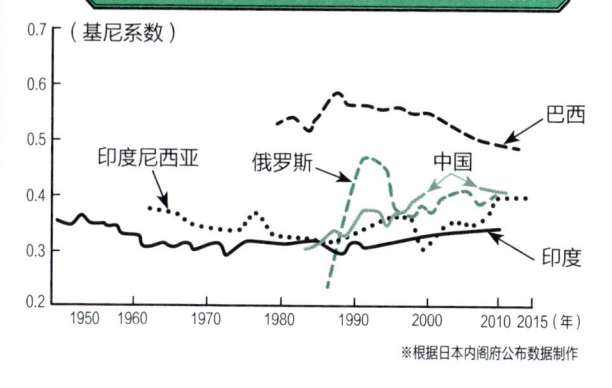

(基尼系数)

巴西、印度尼西亚、俄罗斯、中国、印度

1950 1960 1970 1980 1990 2000 2010 2015(年)

※根据日本内阁府公布数据制作

> 新兴国家和发展中国家的差距在迅速扩大！

> 安倍政府表示，目前日本经济正在恢复，也因此国内贫富差距不断扩大。

日本正受到健康差距的威胁？

正如统计数据显示的那样，日本进入了老龄化社会。随着老龄化社会的不断发展，日本的富裕阶层与贫困阶层两极分化越来越严重。学习能力和学历等教育差距也越来越大。除了以上提到的这些差距外，在日本还有一个重要领域差距也越来越大，那就是"健康差距"。

日本的平均寿命增加，这无疑是个非常好的现象，除了带来社会老龄化问题以外。不过，在现实生活中，我们不能只看到"平均寿命"的延长，而忽视了"健康寿命"。确实，近几十年来人类的平均寿命增加，特别是发达国家的平均寿命显著增长。但是，许多国家贫困人口的寿命却没有增加。导致这一现象的原因很有可能是现在的医疗制度还不够完备，不能确保所有人都平等地接受合理治疗。

日本等发达国家虽然医疗水平很高，却仍然存在很多隐患。当今社会经济差距不断扩大，只有那些有经济实力的人可以享受医学发展带来的好处。图A以图表形式展示了2016年日本平均寿命和健康寿命的差距。日本女性的平均寿命增长到87.14周岁，而男性为81周岁左右。随着社会老龄化和"少子化"现象的发展，健康寿命和平均寿命间的差距越来越大。所以为了减少经济差距，让大多数人以较为健康的状态安享晚年，必须要重新考虑收入再分配问题。而收入再分配的关键词当然是"税收"。以现有统计数据为基础，社会上正广泛开展讨论研究日本是否要仿效北欧国家征收20%以上的消费税。

小贴士

所谓健康寿命就是能过上健康的日常生活，它比平均寿命更受关注。平均寿命与健康寿命的差距很大，这就说明有很多人需要照顾护理。

平均寿命和健康寿命

【图A】 (2016年)

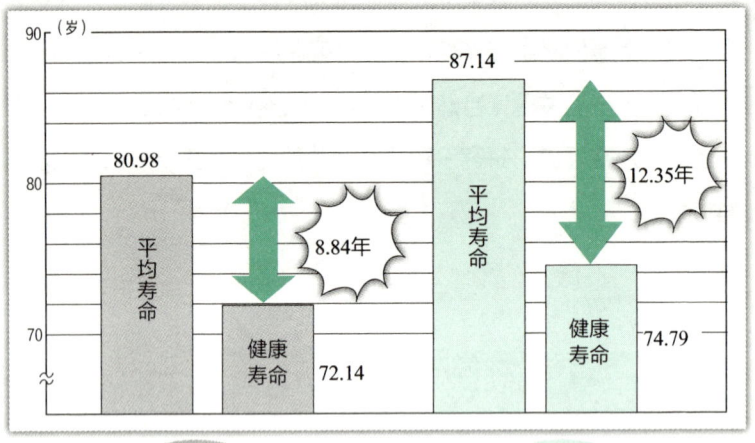

男性：平均寿命 80.98，健康寿命 72.14，差 8.84年
女性：平均寿命 87.14，健康寿命 74.79，差 12.35年

（根据日本厚生劳动省公布的《完全生命表》和其他资料制作）

全世界健康寿命排名

1	新加坡	76.2岁
2	日本	74.8岁
3	西班牙	73.8岁
4	瑞士	73.5岁
5	法国	73.4岁

2016年世界卫生组织（WHO）

数据显示男性维持健康的生活状态可以到70岁，女性可达到73岁左右。

统计数据预言了可怕的"老后破产"

现在报纸、电视台等越来越多的媒体用到"老后破产"这个词。它也是社会老龄化和经济差距导致的社会问题之一。

三四十岁的年轻一代或许还没有察觉，再这样发展下去他们很有可能面临老后破产。未来的退休金可能越来越少，退休年龄可能推迟到65周岁以后。

现在日本的现状是什么样呢？按照规定60周岁退休后，直到领到退休金之间最少也有5年的空白期，为了以后的退休金可以维持正常生活，现在必须要支付十分高昂的费用。

请仔细阅读图A。图A是日本总务省公布的无工作老年夫妇家庭（丈夫65周岁以上、妻子60周岁以上的家庭）的家庭收支情况。根据2017年的调查结果，无工作老年夫妇家庭包含年金等的实际月收入为209,198日元（同比下降2.3%）。去掉税金等的非消费支出28,240日元，剩下收入为180,958日元。而每个月伙食费、电费、税费等必要的生活费支出合计235,477日元。也就是说每个月有54,519

日元的赤字。

  据此计算，1年大约有65万日元赤字，10年就有650万日元，20年就大约有1300万日元。所以65周岁以后如果没有1300万日元存款，那么老年生活很有可能十分悲惨。现在老后破产已经成为现实。**统计数据显示，现在有的老人仅靠退休金无法生活，到了七八十岁身体已经行动不便却不得不工作。所以政府是时候重新思考如何利用税金改善收入再分配。**

小贴士

"孤独死"已经逐渐成为一种社会问题。在日本"老龄化社会白皮书"2010年版中把"孤独死"定义为独自一人生活，在无人照看的情况下悲惨地死去。

无工作老年夫妇的家庭收入

【图A】
必需的生活费

家庭生活每月支出合计235,477日元								
伙食费 25%	非消费支出（税、社会保险费等）11%	社交费用 12%	教育娱乐费 11%	交通通信 11%	水电 9%	住宿费 7%	医疗保健费 6%	

- 家务用品费 4%
- 服装被褥费 3%
- 其他 1%

退休金：平均金额180,958日元

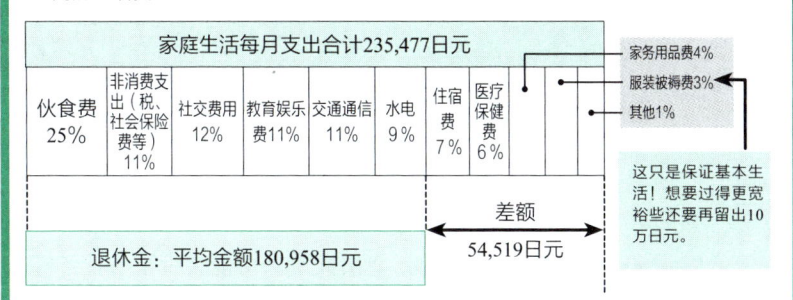

差额 54,519日元

这只是保证基本生活！想要过得更宽裕些还要再留出10万日元。

1个月的赤字为 54,519日元 → 1年的赤字大约是65万日元 → 20年的赤字大约是1300万日元

65周岁后，我们的老年生活很可能没有存款。千万不要以为老后破产只是别人的事。

2050年悄悄走进日常生活的问题

日本正在进入超老龄化社会。老龄化社会可能会带来各种各样的弊端。根据日本厚生劳动省公布的统计数据，今后的日本社会患痴呆症的人会增加（痴呆症的发病率并没有变高）。

日本九州大学二宫教授发表了《关于未来日本老年痴呆症人口估算的研究》，其中的数据显示，2012年日本老年痴呆症患者估计为462万人，2025年将增加到约700万人。根据统计局的数据显示，与2012年的15%相比，2025年被称为"团块世代[1]"的人在75岁以上的将增加到约30%。为了维持健康的生活，需要一定的金钱保障。在此基础上，我们也必须努力预防老年痴呆症。老年痴呆症有可能会给人们的生活带来各种各样的不便。老年人发生交通事故，不断造成悲剧，比如搞错油门和刹车，在道路上逆行等。为了支付老年

---

[1] 专指日本在1947年到1949年之间出生的一代人，被看作是20世纪60年代中期推动日本经济腾飞的主力，是日本经济的脊梁。这一代约700万人将于2007年开始陆续退休。

人的医疗费，国家保险投入的资金也在持续增加。生活协同组合联合会的员工加入的"日生协健保"以及加入人数达到50万的"派遣人才健保"已经解散。现在，健保工会约有1400个团体组织，约有2900万人加入。有数据显示，2025年"团块世代"进入老年后期（75周岁）时，约25%的健保组织可能会解散。未来我们的社会如何面对这些问题呢？或许我们需要根据数据开始讨论。

小贴士

根据日本警视厅公布的数据，2018年，老年人驾照自主返还者数量达到42.1万人，不过其中75周岁以上的驾照持有者占比为5%，还处于较低水平。

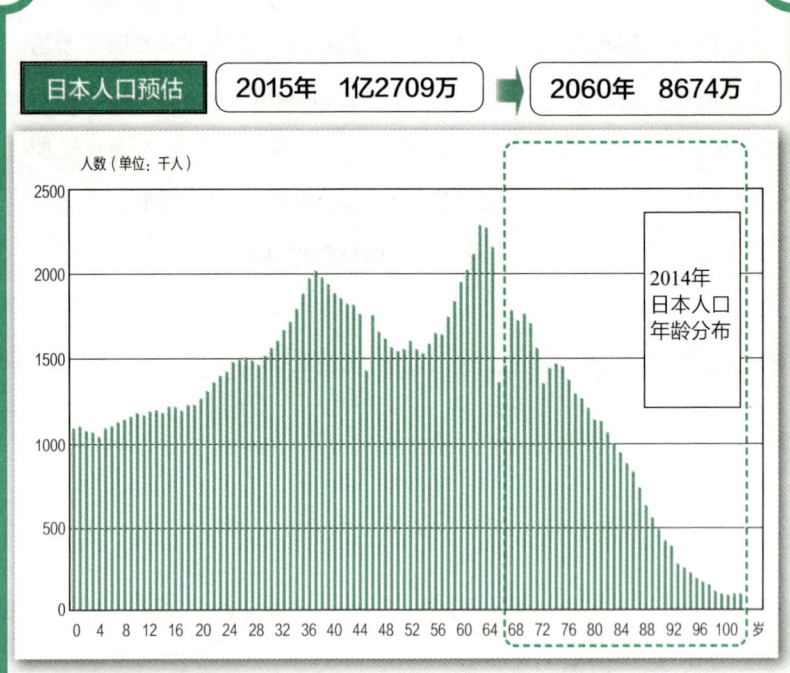

| 日本人口预估 | 2015年 1亿2709万 ➡ 2060年 8674万 |

人数（单位：千人）

2014年日本人口年龄分布

（根据日本厚生劳动省资料制作）

按照现在这个趋势持续下去，到2025年，老年人将占到总人口的三分之一！

1950年=4.9%
1975年=7.9%
2000年=17.4%
2015年=26.6%
2025年=30.0%

增加

65周岁以上人口占总人口的比重

连续发行赤字国债,日本借款迅速超过1000兆日元

根据日本财务省2018年5月公布的数据,在3月末时日本国家负债为1087兆8130亿日元,长期国债的余额持续增加是导致负债增加的主要原因。据悉,日本总人口为1亿2650万左右。用这个数据简单计算一下,平均每个日本国民背负着约860万日元的债务。目前日本现状是政府用税收支付国家预算及财政运营费用,税收不够的部分就不得不用国债来补充。

发行国债实际就是政府借款。如果这种情况持续下去,由于税金等原因导致国家年度收入无法恢复,财政赤字持续下去的话,政府的债务就会不断增加。泡沫经济崩溃,被称为"失去的十年"的经济不景气浪潮破坏的不只是日本经济。人口老龄化导致社会保障费剧增,财政赤字逐年扩大。

为了补充预算,政府从1965年开始发行赤字国债。赤字国债是当国家税收无法完全负担财政预算时,用以补足资金缺口而发行的

一种国债。实际上日本的财政法尚未允许发行"赤字国债",所以政府每年发行的"赤字国债"被改头换面,叫作"特例国债"。2019年的财政预算为101兆4564亿日元,新增国债发行额为32兆6598亿日元。也就是说,财政预算的大约三分之一是靠国债。

　　预计2019年的GDP(国内生产总值)约为550兆日元。所以国家的借款大约是GDP的两倍。**根据日本内阁公布的预测,到2020年,日本债务将突破1100兆日元,可以说会陷入十分危急的境地。**

小贴士

1965年度日本在"二战"后首次发行赤字国债,之后1975年度再次发行,随后除了1990年度到1993年度以外,债券发行从未间断。

国家及地方的长期债务余额

(2018年度政府方案)
摘自日本财务省资料

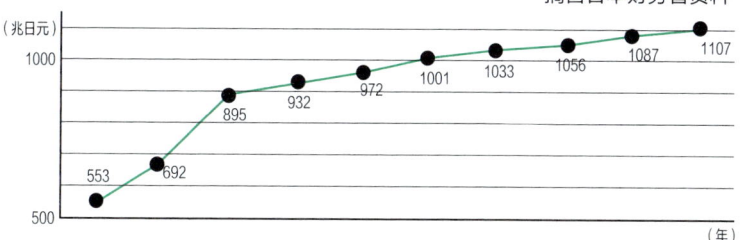

(兆日元) 553, 692, 895, 932, 972, 1001, 1033, 1056, 1087, 1107

	1998年度末实际金额	2003年度末实际金额	2011年度末实际金额	2012年度末实际金额	2013年度末实际金额	2014年度末实际金额	2015年度末实际金额	2016年度末实际金额	2017年度末预计金额	2018年度末(2018年)
国家	390(387)	493(484)	694(685)	731(720)	770(747)	800(772)	834(792)	859(815)	893(837)	915(860)
其中普通国债余额	295(293)	457(448)	670(660)	705(694)	744(721)	774(746)	805(764)	831(786)	864(808)	883(828)
地方	163	198	200	201	201	201	199	197	195	192
国际及地方合计	553(550)	692(683)	895(885)	932(921)	972(949)	1,001(972)	1,033(991)	1,056(1012)	1087(1031)	1107(1052)

截至2013年度末,( )内的值是为了第二年借贷而提前除去债券发行额后所得计数。2014年度末、2015年度末( )内的值,是为了下一年度借贷而提前除去债券发行额所得计数。

> 现在日本政府每年都在发行赤字国债,债务迅速超过1000兆日元。借款竟然大约是GDP的2倍,这个数字令人咋舌。顺便说一下,美国的债务与GDP比为101%,德国比率约为87.3%!

想和别人说的统计学 5
有钱不等于幸福

很多人认为,只要足够的钱,人就能过上幸福的生活。另一方面,也有人并不太执着于金钱,认为"人生不只是金钱""能维持最低限度的生活就好"。

金钱和幸福指数到底存在着什么样的关系呢?经济学家理查德·伊斯特林认真研究了这个问题。他提出的理论被称为"伊斯特林悖论"——"贫困阶层会因为钱而感到幸福,但中产阶层即使增加了一定量的钱,幸福感也不会变化"。

影响幸福感的因素有四个:年龄、教育和理智、育儿、金钱。

> 日本的幸福指数在全世界排名第58位,处于较低水平。可能是心理压力太大导致幸福感不足。

将主要原因之一的金钱和幸福指数的关系绘制成图表，就是"伊斯特林悖论"。

"年收入超过7.5万美元以后，即使收入再多，幸福感也不会改变。"（年收入为40年前的数据。）金钱确实是"物质幸福"的基础，也是购买力的指标。但只有金钱并不能解决所有问题。在"幸福指数报告"中已经有统计数据证明这个观点。

2019年3月20日，最新版全球最幸福国家排名榜发布。在156个国家中，日本排名第58位。幸福指数排名前几位的国家是：第1名

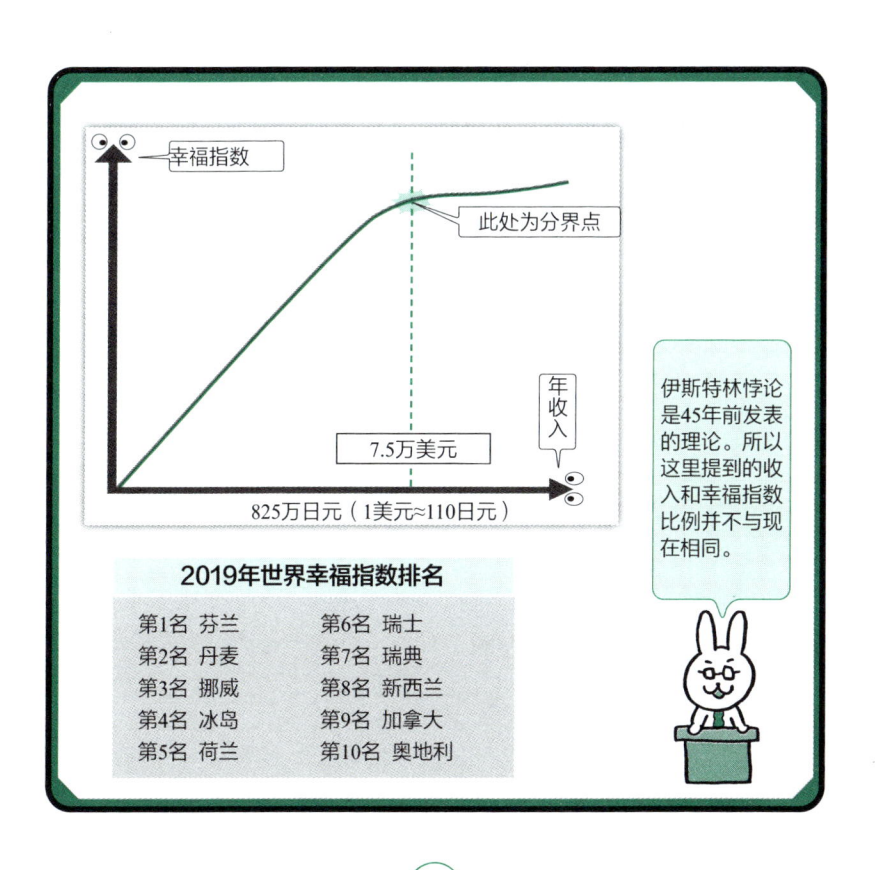

幸福指数

此处为分界点

7.5万美元

年收入

825万日元（1美元≈110日元）

伊斯特林悖论是45年前发表的理论。所以这里提到的收入和幸福指数比例并不与现在相同。

2019年世界幸福指数排名

第1名 芬兰	第6名 瑞士
第2名 丹麦	第7名 瑞典
第3名 挪威	第8名 新西兰
第4名 冰岛	第9名 加拿大
第5名 荷兰	第10名 奥地利

芬兰，第2名丹麦，第3名挪威，第4名冰岛……很明显北欧各国的高幸福感引人注目。这些国家都是税金高但社会保障费优厚的国家。**幸福的感觉因人而异，各种统计数据告诉我们,"有钱就一定能幸福"的想法是不恰当的。** 如果精神上、身体上不健康的话，即便有钱也无法过上自由快乐的生活。

小专栏 用统计数字看日常生活①

如今的我们拥抱网络社会，进入了在家也能轻松购物的时代。许多商品直接销往全国，也因此物流行业人手严重不足。根据日本国土交通省公布的数据，2017年度的快递（陆运）数量约为42.12亿。这个统计数字再结合约1.27亿的日本人口数简单计算下，平均每人每年33个快递。1.27亿人口数字包含儿童，实际每个成年人的快递数量超过这个数字。

那么交通事故中死亡或受伤的概率如何呢？根据日本警视厅发布的数据，2018年度交通事故死亡人数为3532人，受伤人数为525,846人。事故件数约为43万件，遭遇事故的概率约为0.34%。简单地计算一下，如果按人一辈子活到80岁来

计算,就是0.34×80=27.2,大约每4人中就超过1人遭遇交通事故,这个比例真够惊人的。也难怪经常听说身边有人遇到交通事故了。从这组数据中是不是明白遵守交通规则的重要性了呢?

第 5 章

使用推测统计学理论

数据整理统计和数据分析统计

得到数据后基本不加工直接做成图表的统计方法叫作"算数统计"。第127页的图A是利用统计数据制作的表格。

图B中曲线表示气温，柱状图表示降水量，像这样的图在教科书中被称为"雨温图"。纵轴是气温和降水量，横轴是月份。和图表相比，数据变化看起来更加明显。"雨温图"就是数据加工后绘制出的图，它能帮助人们在某种程度上了解一个地区的气候情况。像这样整理和归纳原始数据，使其变得通俗易懂，令人掌握数据特征的方法叫作"描述统计"。其实，算数统计也是描述统计中的一种。有很多图表都可以帮助人们直观地捕捉数据特征，比如频数分布表、柱状图、箱形图等。而所谓"加工"，就是利用平均数、中位数、众数、相关关系等统计指标绘制图表。

下面我们举个例子——A市1万名初中三年级学生的数学学习能力调查。实际调查1万人需要花费大量时间和费用，所以为了节约成本，我们从中选出500人，计算平均数、中位数、标准偏差等。

像这样，多次选出500人反复计算，得到的平均数就会接近正态分布。

以图C的"标准正态分布"为基础，推测1万人的母体分布情况就是"推测统计"。

●算数统计

【图A】大米的产量变化

		1980	1990	2000	2010	2017	2018
播种面积 (万公顷)	水稻	235	206	176	163	147	147
	旱稻	3	2	0.7	0.3	0.1	0.1
	合计	238	208	177	163	147	147
收获量 (万吨)	水稻	969	1046	947	848	782	778
	旱稻	6	4	2	0.5	0.2	0.2
	合计	975	1050	949	848	782	778

日本现状(2019)矢野恒太次郎纪念会编

【图B】日本现状(2019)
矢野恒太次郎纪念会编

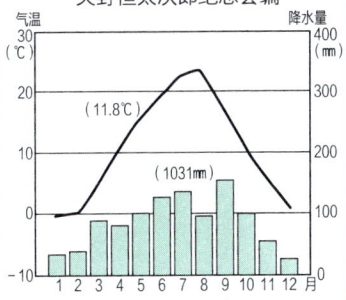

松本市(内陆性气候)

即使数据没有经过太多加工,只要像图B这样稍微改变下数据展示方法,也能看清数据整体情况喔!

●加工后的描述统计

家庭学习时间(小时)	频数	组中值
以上—不到		
0—4	2	2
4—8	4	6
8—12	4	10
12—16	6	14
16—20	3	18
20—24	1	22
合计	20	

频数分布表

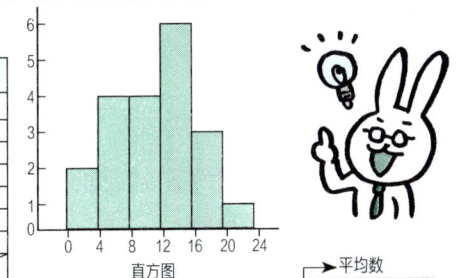

直方图

箱形图 — 平均数 / 中位数

●推测统计

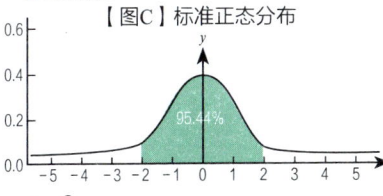

【图C】标准正态分布

95.44%

1万人中抽取500人进行调查

只要理解了正态分布原理,就可以推测1万人整体情况。

推测统计是"统计学理论"和"概率学理论"相结合而形成的。所以,要掌握这门学科,学习统计学以前要先学习概率学!

散点图展现两组数据相关性

假设有两组数据x和y。展现这两组数据关系的图叫作"散点图"。

第130页图A中的数据是三年级X班的20名女生的学习时间和日语考试结果。以此数据为基础绘制散点图，就是图B。

从图中可以看出数据有向右上倾斜的趋势，所以x增加，y也随之增加。进一步可以解释为，想要提高分数，就必须增加学习时间。两个变量x和y呈"正相关"关系。

假设两个变量x和y形成的点向着右下方倾斜的话，变量x和y之间就呈"负相关关系"。如果看不出具体方向，那么就称为"无相关性"。可以说几乎所有学校的数据绘制出来应该都类似图B这样的散点图。

接下来，我们再来看一下表示变量x和y关系的数值。计算x和y数据的平均数，x的平均数为67分，y的平均数为11小时。散点图里的所有点聚集在坐标（x, y）也就是（67, 11）周围。在平均数坐标处画一条水平的和1条垂直的平均数虚线，就是图C。平均数虚线相交把坐标系分为Ⅰ、Ⅱ、Ⅲ、Ⅳ四个区域。x和y之间如果是正相关关系，那么散点就会主要集中在Ⅰ和Ⅲ两个区域（第130页图C中坐标的数字就是序号）。

变量x和y对应的数据为（x_1，y_1）（x_2，y_2）…（x_n，y_n），x和y各自的平均数分别为$\bar{x}$和$\bar{y}$。散点图中的所有点都聚集在点（x，y）周围，也就是图D。以此图为基础可以求相关系数。

【图A】 三年级X班20名女生的学习时间和日语考试结果

序号	1	2	3	4	5	6	7	8	9	10	11	12	13	14	15	16	17	18	19	20
x 日语分数	40	70	45	75	85	90	95	35	55	81	89	30	53	65	96	82	66	47	73	68
y 学习时间	2	10	5	8	15	20	18	3	7	9	19	4	6	11	22	17	10	5	16	13

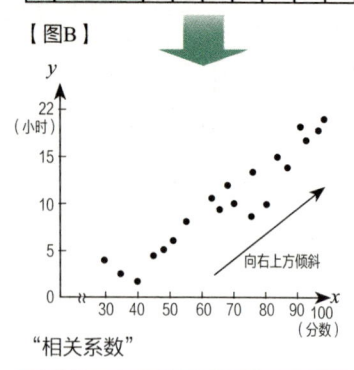

【图B】

呈正相关关系

向右下方倾斜时

呈负相关关系

没有具体的倾斜方向

无相关性

"相关系数"

x 的平均分　　67分
y 的平均时间　11小时

【图C】

区域 I：5、6、7、11、15、16、19、20
区域 II：14
(67, 11)
区域 III：1、3、8、9、12、13、17、18
区域 IV：2、4、10

【图D】

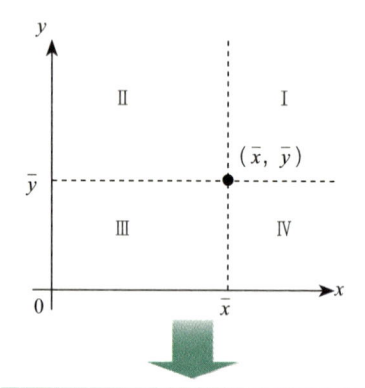

将对应的两个变量 x, y 的值表示为 (x_1, y_1) (x_2, y_2) … (x_n, y_n)，设 x, y 的数据的平均值分别为 $\bar{x}$, $\bar{y}$。散点图上所有的点都围绕在点 $(\bar{x}, \bar{y})$ 周围。

I → $x_i - \bar{x} > 0$, $y_i - \bar{y} > 0$
II → $x_i - \bar{x} < 0$, $y_i - \bar{y} > 0$
III → $x_i - \bar{x} < 0$, $y_i - \bar{y} < 0$
IV → $x_i - \bar{x} > 0$, $y_i - \bar{y} < 0$

x 和 y 之间呈正相关关系时，点主要集中在区域 I 和 III。呈负相关关系时，点主要集中在区域 II 和 IV。
$(x_i - \bar{x})(y_i - \bar{y}) > 0$ → 属于区域 I 或 III。$(x_i - \bar{x})(y_i - \bar{y}) < 0$ → 属于区域 II 或 IV。

从随机变量和概率分布求正态分布

推测统计学使用正态分布原理。"掷1枚骰子，出现数字'1'时奖励500日元；出现数字'3'或'5'时奖励300日元；出现偶数时奖励200日元。"那么计算得到奖金的概率如下：

500日元→1/6，300日元→（出现"3"和"5"两个数字都可以）2/6=1/3，200日元→（偶数有3个）3/6=1/2。如果把奖金设为X的话，X就是500、300、200等变量。X的值根据试验结果（骰子出现数字的概率）来决定。根据试验结果来确定值的变量叫作"随机变量"。比如刚才举的例子中，奖金X是变量，对应的概率分别为1/6、1/3、1/2。

设$X=a$时，概率为$P(X=a)$，$a \leq X \leq b$时，概率表示为$P(a \leq X \leq b)$。X和P就是我们初中时学到的函数，可以用函数图像表示出来。X和P的函数关系，用表格展示出来会更明显，比如图A就是刚才"掷骰子"的例子。图B是表格图A的柱状图。

把随机变量X的值和其对应概率P的值绘制成表就是"概率分布

表"。所有P值相加总和为1。设随机变量X的值为x_1，x_2，$x_3 \cdots x_n$，$P(X=x_i)=P_i$，时，以下成立：

①$P_1 \geq 0$ $P_2 \geq 0 \cdots P_n \geq 0$

②$P_1+P_2+\cdots+P_n=1$

此时概率分布表如图C，接近正态分布。掷两枚骰子得出的数字之和概率分布如图D，从图D中就可以明白为什么推测统计要用到概率了。

概率分布表 【图A】

X=随机变量　P=概率

X	200	300	500	合计
P	$\frac{1}{2}$	$\frac{1}{3}$	$\frac{1}{6}$	1

所有随机变量对应的概率相加等于1！

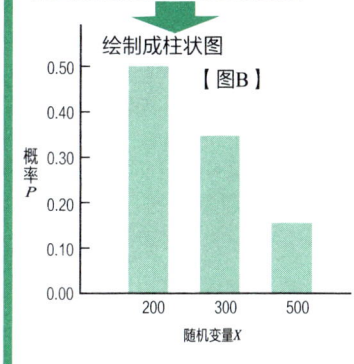

绘制成柱状图 【图B】

【图C】

X	x_1	x_2	...	x_n	合计
P	P_1	P_2	...	P_n	1

设随机变量X的值为x_1、x_2、$x_3 \cdots x_n$，$P(X=x_i)=P_i$，时，以下成立：
① $P_1 \geq 0$　　$P_2 \geq 0 \cdots P_n \geq 0$
② $P_1 + P_2 + \cdots + P_n = 1$

概率分布接近正态分布

【图D】　同时掷出两个骰子，出现的数字之和

同时掷出两个骰子后，会出现36种数字组合。
随机变量X和其对应的概率P关系如下：

X	2	3	4	5	6	7	8	9	10	11	12	合计
P	$\frac{1}{36}$	$\frac{2}{36}$	$\frac{3}{36}$	$\frac{4}{36}$	$\frac{5}{36}$	$\frac{6}{36}$	$\frac{5}{36}$	$\frac{4}{36}$	$\frac{3}{36}$	$\frac{2}{36}$	$\frac{1}{36}$	1

❖ 两个骰子出现数字之和的概率分布

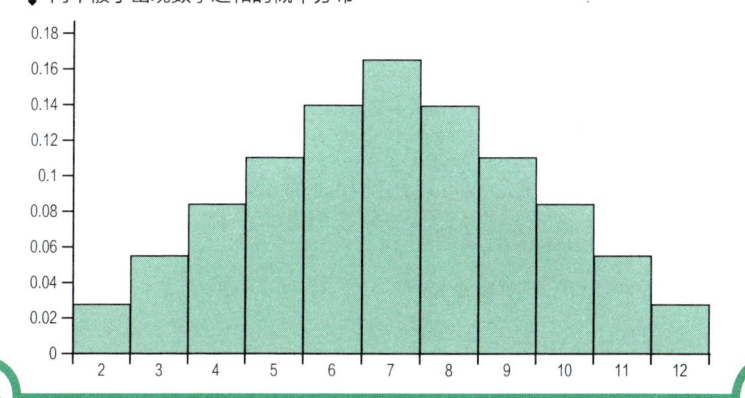

推测统计中重要的随机变量的平均数

在推测统计中，想要用数值表示数据的离散程度，就需要用到随机变量X的平均数。

A公司有100名员工。某个季度公司业绩很好，于是公司决定举办纪念活动，在活动中设立抽签环节。一共制作100个签，每个职员都抽签：一等奖5个，奖金2万日元；二等奖8个，奖金1万日元；三等奖12个，奖金5000日元；四等奖25个，奖金3000日元；五等奖50个，奖金2000日元。全员有奖。

此时奖金的平均数为4150日元（奖金总额除以总签数得出每个签的平均金额）。

每个级别的奖金总额可以用随机变量X求出来。此时，随机变量X和概率P的分布情况如图A。

随机变量X的平均数被称为"期望值"，用E（X）表示。那么它的一般式如下：

设随机变量X的值为x_1，$x_2 \cdots x_n$，对应概率P的值为P_1，P_2，$P_3 \cdots P_n$时

$$E(X) = \sum_{i=1}^{n} x_i P_i = x_1 P_1 + x_2 P_2 + \cdots + x_n P_n$$

概率分布表如图B。接下来，我们根据第136页提到的"掷两枚骰子出现的数字之和"的概率分布表求出概率变量平均数$E(X)$为7。到此就可以推测出这个例子的概率分布呈三角分布，是一个以7为顶点左右对称的等腰三角形（详情参看第133页的概率分布图）。

概率分布图越来越接近正态分布。

每个级别奖项的概率

一等奖 → $\frac{5}{100}$　二等奖 $\frac{8}{100}$　三等奖 → $\frac{12}{100}$　四等奖 → $\frac{25}{100}$　五等奖 → $\frac{50}{100}$

奖金总额

一等奖→2万日元×5支签（10万日元）
二等奖→1万日元×8支签（8万日元）
三等奖→5000日元×12支签（6万日元）
四等奖→3000日元×25支签（7.5万日元）
五等奖→2000日元×50支签（10万日元）

10万日元+8万日元+6万日元+7.5万日元+10万日元=41.5万日元

除以100　**4150日元**

【图A】利用随机变量计算总额

X = 随机变量	2000	3000	5000	10,000	20,000	合计
P = 概率	$\frac{1}{2}$	$\frac{1}{4}$	$\frac{3}{25}$	$\frac{2}{25}$	$\frac{1}{20}$	1

$$2000 \times \frac{1}{2} + 3000 \times \frac{1}{4} + 5000 \times \frac{3}{25} + 10{,}000 \times \frac{2}{25} + 20{,}000 \times \frac{1}{20} = 4150$$

随机变量的平均数叫作"期望值"

【图B】

X	x_1	x_2	…	x_n	合计
P	P_1	P_2	…	P_n	1

计算"掷两枚骰子出现的数字之和"的概率分布

X	2	3	4	5	6	7	8	9	10	11	12
P	$\frac{1}{36}$	$\frac{2}{36}$	$\frac{3}{36}$	$\frac{4}{36}$	$\frac{5}{36}$	$\frac{6}{36}$	$\frac{5}{36}$	$\frac{4}{36}$	$\frac{3}{36}$	$\frac{2}{36}$	$\frac{1}{36}$

$$2 \times \frac{1}{36} + 3 \times \frac{2}{36} + 4 \times \frac{3}{36} + 5 \times \frac{4}{36} + 6 \times \frac{5}{36} + 7 \times \frac{6}{36} +$$
$$8 \times \frac{5}{36} + 9 \times \frac{4}{36} + 10 \times \frac{3}{36} + 11 \times \frac{2}{36} + 12 \times \frac{1}{36} = 7$$

期望值E（X）为7。

正态分布的基础是随机变量的离散

随机变量的平均数可以描述数据的离散情况。设X和Y分别为概率分布的随机变量。如第139页图所示,概率分布为等腰三角形,且$X=0$或$Y=0$时是三角分布的顶点。x的平均数为$[(-3)+(-2)+(-1)+0+1+2+3]\div 7=0$,$y$的平均数同样是0。单凭平均数无法显示$x$和$y$的概率分布差异。图B是将其概率分布转化为柱状图,$X$和$Y$都以0为中心左右对称。$X$和$Y$是横轴,概率$P$是竖轴。观察图B可知①比②更加平缓。到此我们从视觉上就可以知道数据的离散情况,也可以说是找到了数据的特征。

不过制作图B这类直方图,需要耗费大量的精力。如果只需要计算出数值就能表示离散程度,那就省事多了。这时候就需要用到偏差。当n个数据的值分别为x_1,$x_2\cdots x_n$,且平均数是$\bar{x}$时,各个数据与平均数之差就是偏差,也就是$x_1-\bar{x}$,$x_2-\bar{x}\cdots x_n-\bar{x}$。随机变量也是如此。设$X$可能出现的值为$x_1$,$x_2\cdots x_n$,其概率$P(X=x_i)$的值为$P_i$,$m$是$X$的平均值,那么公式如下:

$(x_1-m)^2P_1+(x_2-m)^2P_2+\cdots+x(x_n-m)^2P_n$

这个公式叫作随机变量X的"方差",用符号$V(x)$来表示。将公式简化可得$V(X)=\sum_{i=1}^{n}(x_i-m)^2P_i$。方差就是$X$与平均数$m$之差的平方,也就是$(X-m)^2$的平均数。随机变量$X$的平均数为$E(X)=\sum_{i=1}^{n}x_iP_i$,所以$V(X)=E(X-m)^2$。

【图A】根据X和Y各自的概率分布虚拟的随机变量

①

X	-3	-2	-1	0	1	2	3	合计
P	0.05	0.1	0.2	0.3	0.2	0.1	0.05	1

②

Y	-5	-4	-3	-2	-1	0	1	2	3	4	5	合计
P	0.025	0.05	0.075	0.1	0.15	0.2	0.15	0.1	0.075	0.05	0.025	1

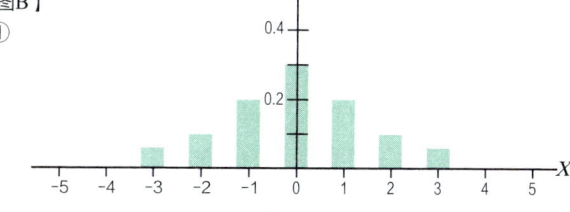

【图B】

①

②

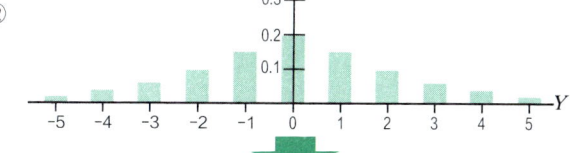

求①和②的随机变量X和Y的方差

$E(X) = E(Y) = 0$
$V(X) = (-3-0)^2 \cdot 0.05 + (-2-0)^2 \cdot 0.1 + (-1-0)^2 \cdot 0.2 + 0^2 \cdot 0.3$
$\quad + (1-0)^2 \cdot 0.2 + (2-0)^2 \cdot 0.1 + (3-0)^2 \cdot 0.05 = 2.1$
$V(Y) = (-5-0)^2 \cdot 0.025 + (-4-0)^2 \cdot 0.05 + (-3-0)^2 \cdot 0.075$
$\quad + (2-0)^2 \cdot 0.1 + (1-0)^2 \cdot 0.15 + 0^2 \times 0.2 + (1-0)^2 \cdot 0.15$
$\quad + (2-0)^2 \cdot 0.1 + (3-0)^2 \cdot 0.075 + (4-0)^2 \cdot 0.05 + (5-0)^2$
$\quad \times 0.025 = 5.3$

因为V(Y)>V(X)，Y的概率分布比X的偏差更大。
随机变量X的方差V(X)的正平方根叫作X的"标准差"，用公式表示为：
$\sigma(X) = \sqrt{V(X)}$。

推测统计的关键词"正态分布"

在此之前,本书中提到的随机变量例子中,随机变量的数值都是有限的,这种被称为"离散型随机变量"。它们的图表像直方图一样,是非连续的。而推测统计的正态分布通常是曲线。既然是曲线,就要使用到微积分。

假设A校三年级的男生有100名,我们测量了他们的体重。第142页图A是以每5kg为一组分组后绘制而成的频数分布表。

此时我们把相对频数当作概率。在100人中,体重45kg以上不足50kg人数概率为14人。

如果取这个相对频数作为概率,那么可以推测出1000人的母体中就有14%的人,也就是140人体重在45kg以上但不足50kg。

图B是将图A的频数分布表转化为直方图。x的值属于各组的概率可以认为是各组对应的长方形面积。

这些长方形的面积之和(相对频数之和)为1。直方图组成的图像并不连续。可是如果缩小组距,那么直方图就会接近一条曲线

（此时请运用微积分的极限思维），于是产生了图C。

连续的随机变量就形成了一条曲线。此时就可以当作是函数$y=f(x)$。这就是正态分布。因为x的值（数据）一旦固定，其对应的y值（P=概率）也就是固定了且只有一个，所以才称之为函数。理解了正态分布后就能明白接下来讲到的推测统计了。

【图A】频数分布表

体重（kg）	频数	有效百分比
以上―不到		
35―40	2	0.02
40―45	5	0.05
45―50	14	0.14
50―55	21	0.21
55―60	25	0.25
60―65	18	0.18
65―70	8	0.08
70―75	4	0.04
75―80	3	0.03
合计	100	1

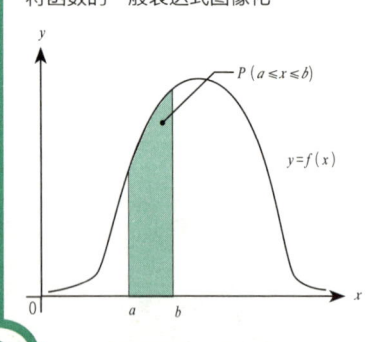

【图B】直方图

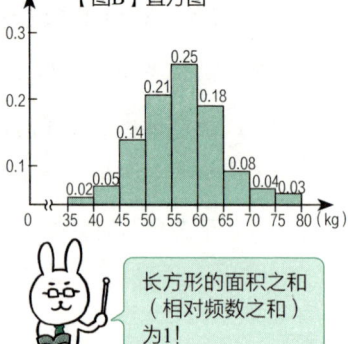

长方形的面积之和（相对频数之和）为1！

【图C】

以图B为基础绘制出的图像

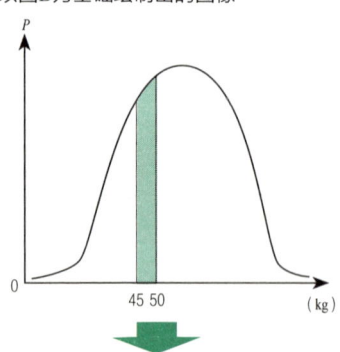

将函数的一般表达式图像化

小知识点

正态分布曲线的算式 $= f(x) = \dfrac{1}{\sqrt{2\pi}^{\sigma}} e^{-\dfrac{(x-m)^2}{2\sigma^2}}$

e = 自然对数的底
σ = 标准偏差　　m = 平均数

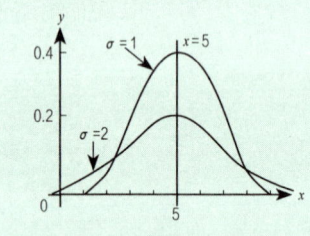

① 以 $x=m$（5）为对称轴对称。当 $x=m$（5）时，y 值最大
② 山形曲线在 σ 值较大时，开口大，较为和缓。
③ x 轴为渐近线

以下三项为 $y=f(x)$ 的性质：
① $f(x) \geq 0$
② 当 x 满足 $a \leq x \leq b$ 时，
　$P(a \leq x \leq b) = \int_b^a f(x)\,dx$
③ 曲线 $y=f(x)$ 和 x 轴之间的面积为1时，将 x 称为"连续型随机变量"，将 $f(x)$ 称为"概率密度函数"，其图像叫作"分布曲线"。

推测统计中重要的"母体"和"样本"

本节中,我们来说明一下在推测统计中非常重要的概念母体和样本。

假设要调查A市1万名初中三年级学生的英语学习能力,有全数调查和抽样调查两种方法。如果只抽取其中500人作为样本接受能力考试,计算样本的平均数、方差、标准差,仔细研究离散分布,就能以相当高的概率"推测"出1万人的学习能力分布情况。**这种调查被称为推测统计,在第6章介绍的"选举速报"中也使用这种调查方式。**

样本量为500人,将得到的数据扩大至20倍,得到的数据就能接近调查对象1万人。

像上文提到的这样,从调查对象的母体中抽取一部分调查的调查方式被称为"样本调查"。图A是示意图。

属于母体的各个数据叫作个体;个体的总数叫作母体容量;而

样本里的个体个数叫作样本容量。

抽样调查的目的是推测母体的性质。此时，就要用到前文多次提过的"正态分布"。最终使用样本的值来推测母体的平均情况，进而推测整体的性质。

从母体中选择样本的方式非常重要。

A市的初中三年级学生一共1万名，从数字上就可以看出初中学生很多。

首先预估各学校学生之间学习能力应该有差距。因此在选取样本时，不能把样本集中在一部分学校。这种抽样法被称为"随机抽样法"，由此提取的样本被称为"随机样本"。

【图A】

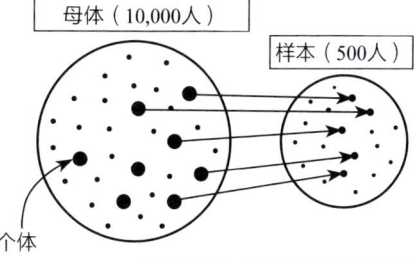

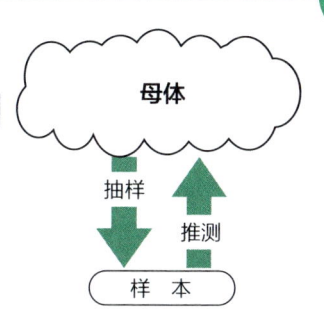

母体（10,000人）

样本（500人）

个体

母体

↓ 抽样
↑ 推测

样　本

保证母体中每个部分都有同等被抽中成为样本的可能

这种抽样方法被称为"随机抽样法"

通过母体随机抽取的样本可以推测整个母体的性质。这种统计方法在统计学中具有十分重要的作用。

推测统计学

这种调查数据方式在日常生活中运用广泛

- 电视收视率
- 降水概率
- 选举速报
- 舆论调查

推测统计学就是从母体中随机抽取一部分样本进行详细调查，根据样本调查结果从某种程度上正确地推测出总体情况。这种方法在我们的日常生活中起到非常重要的作用！

想和别人说的统计学 ❻
味噌汤试味与统计学原理相似

做味噌汤时,为了调味都要尝一尝,也就是所谓的"试味"。做味噌汤试味就是一种统计思维。

在本书中,我们学习了"样本"和"母体"的概念。如果说"母体"里盛的是整锅味噌汤,那么"样本"就是在试味时舀的那碗味噌汤。

如果味噌酱混得比较均匀,即使喝一勺汤也能感受到整体的味道。教科书中出现的"浓度"和这种情况非常相似。现在大家知道了统计学分为描述统计学和推测统计学。描述统计学的底层逻辑是"母体=样本",所以如果比喻成味噌汤的话,就是查整锅汤,把

> 在统计时,为保证样本能真实地反映整体情况,从母体抽样时一定要保证个体被抽到可能性的平等。

锅里的汤全喝了，确认汤的味道。而"推算统计学"是从母体中提取样本来推测整体情况，也就是尝一碗来判别整体味道。味噌汤的"试味"，即"推测统计学"在日常生活中随处可见。

平等地从"母体"中提取"样本"调查，即使不调查全部"母体"也能推测出整体情况。想象一下味噌汤的味道就能理解了其中原理了。

理解了统计学和味噌汤味道的关系，就能充分理解即使样本只是母体中的一部分，也能帮助我们捕捉母体整体的面貌。

味噌汤试味

尝一小碗的味道

必须要从母体中公平地抽取样本

统计学

母体

调查一部分数据

味噌汤试味时只需要喝一小碗就能知道整锅汤味道如何

为什么调查一部分数据就能掌握整体情况呢？其中的原理和"试味"一样，这样是不是就好理解了呢？

在第6章中，我们会按照"味噌汤试味"的逻辑，使用统计学探寻整体情况，介绍电视收视率、降水概率、选举速报等与日常生活密切相关的统计实例。

没读过本书之前或许有人认为统计学和生活距离遥远，但其实它是我们每天都会用到的大学问。

小专栏 Column　从统计数字看日常生活②

统计局每月都实施的调查有劳动力调查、家计调查、零售物价统计调查等，这些调查与我们的日常生活息息相关。通过这些统计数据得到完全失业率、家庭收支、消费者物价指数等，以展现雇用、消费、物价方面的最新情况。消费者物价指数是调查商品价格持续下降，经济处于下滑趋势的通货紧缩社会状态是否恢复的重要指标。从1989年至今，以生活用品为代表的物价有所上涨，为了准确了解物价上涨到什么程度，有必要进行统计。最近，在科学研究领域，经常使用的"证据"主要是统计出来的数据。商品滞销就必须降低售价。企业收益减少，不得不考虑提高劳动生产率和收缩人工费（工资）。如果工资不涨，人们会控制消费，商品的价格就会进一步降低。所以我们通过统计"消费者物价指数"理清现状，看日本社会是否摆脱了通货紧缩的恶性循环。统计数据就是这样与我们的日常生活和政治紧密相连。

第 6 章

运用与日常生活紧密相连的统计学

电视收视率是如何计算出来的呢

电视的收视率到底是如何调查出来的呢？日本电视台网站广告指南页面显示，现有电视台节目覆盖了日本32个地区，每个地区都会各自进行调查。每个地区的调查户数不同，关东地区为900户，关西地区、名古屋地区均为600户，其他地区为200户。

关东地区的户数大约有1800万户，其中有900户家庭被选为调查对象，所以样本容量为900户，占母体约0.005%。

收视率调查是以统计理论为基础的抽样调查，在统计上会产生误差，因此必须考虑误差。根据上文提到的网站主页内容，绘制的正态分布图像如图A，置信区间是95%。样本误差为 $\pm 2\sqrt{\dfrac{家庭收视率（100-家庭收视率）}{样本量}}$。来自关东地区900户家庭的调查数据计算出的收视率为10%时，误差为2.4%。增加调查对象的户数可以减小误差。所以灵活运用统计学思维，就可以从0.005%左右的样本中判断整体的情况。

现在，除了实时收看的人之外，把电视节目录下来看回放的人数也在增加。

收视率是表示实时收视比例的数值,在这个数值基础上加入通过录像等非实时观看数据,再减去重复的数值,就叫作"综合收视率"。

小贴士

网络数据显示全国收视率为10%。全国人民的10%,也就是理论上大约1300万人收看。但是收视率是以"户"为单位计算,所以很难算清具体收看人数。

收视率计算方法

关东地区	关西、名古屋地区	其他地区
900户	600户	200户

以"户"为单位调查收视率

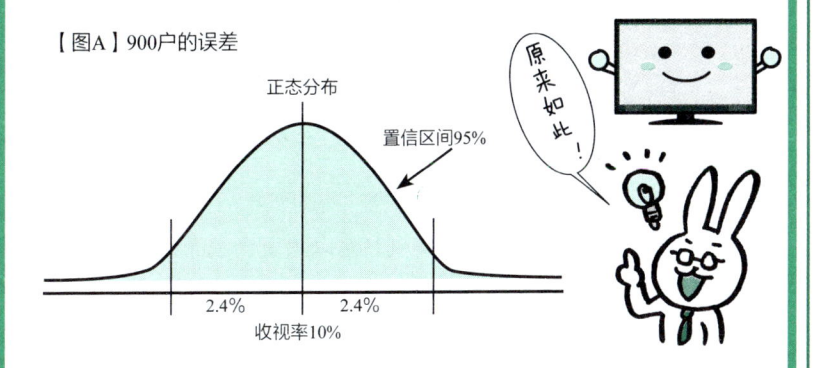

【图A】900户的误差

正态分布

置信区间95%

2.4%　2.4%
收视率10%

◆ 在东京电视台历史最高收视率（关东地区）

电视台	节目名称	播放日期	收视率
NHK	第14界NHK红白歌合战	1963年12月31日	81.40%
日本电视台	日本职业摔跤比赛转播（力道山与The Destroyer）	1963年5月24日	64.0%
朝日电视台	2006年世界杯足球赛：日本与克罗地亚	2006年6月18日	52.7%
TBS	2010年世界杯足球赛：日本与巴拉圭	2010年6月29日	57.3%
东京电视台	亚洲地区最终预选赛（多哈悲剧）	1993年10月28日	48.1%
富士电视台	2002年世界杯足球赛：日本与俄罗斯	2002年6月9日	66.1%

为什么降水概率只有20%也会下雨呢

每天我们都会听到的"降水概率"到底指的是什么呢？降水概率指的是某个地区在某个时间段降雨或降雪达到1毫米以上的概率。概率从0%—100%，一般达到10%以上就会公布出来，不过过去的记录显示，在1980年也公布过低于5%的数据。

降水量和降水概率没有直接关系，有时预报降水概率20%，实际降水量比降水概率50%要多。即使预报降水概率100%，也不一定会下非常大的雨，反而降水概率50%有可能下大雨。

那么，为什么有时降水概率只有20%下雨了，降水概率50%反而没下雨呢？因为数据其实是根据当时的气温和云的状态，类比相似的历史数据，分析下雨或下雪的概率。降水概率达到80%不代表一定会降水，降水概率20%也可能会下雨。不过如果预报降水概率20%却下雨了，历史分析数据就会更新，历史数据逐年累加，精确度自然也会提高。

这里还有一点要注意,降水概率0%,也有可能会下雨。上文提到过,以前降水概率不足5%也会公布,现在不公布5%以下的数据了。所以当降水概率不满5%时,系统自动对外公布降水概率为0%,并不是真正意义上的0%,还是有可能会下雨的。

小贴士

自1980年起,东京首先开始发布降水概率。此后到了1982年推广到全国。降水量的预测也会发布,称为"雨量预测"。

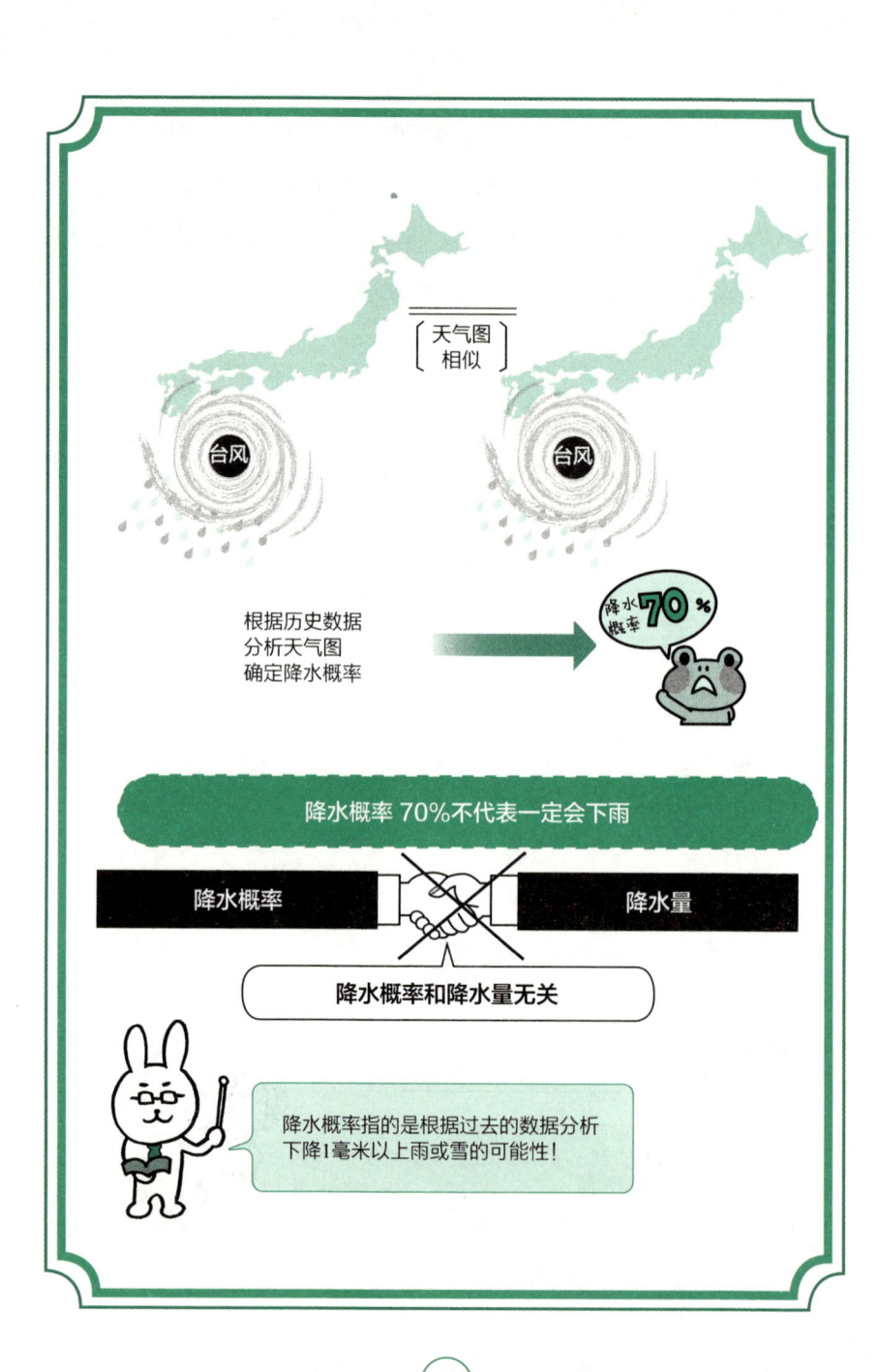

[天气图 相似]

台风　　　台风

根据历史数据
分析天气图
确定降水概率

降水概率 **70**%

降水概率 70%不代表一定会下雨

| 降水概率 | | 降水量 |

降水概率和降水量无关

降水概率指的是根据过去的数据分析下降1毫米以上雨或雪的可能性！

为什么仅仅开票1分钟就会出现"确定当选"

在选举速报中,投票截止时间过了仅仅1分钟,甚至几秒钟就会出现"确定当选"的消息,几乎没有开票,为什么会能"确定当选"呢?

这里使用到了统计。统计调查分为调查所有个体的"全数调查"和抽查一部分的"抽样调查"。在选举中,所有的选票开票结束公布的结果的是"全数调查",而先抽取一部分调查对象(有选举权的人)的结果,然后再推测整体情况,就是所谓的"抽样调查"。"确定当选"是从"调查样本"中调查出来的结果。

只要从母体(所有选票)中随机抽取调查对象,就能推测出母体(整体情况)。在开票速报中,还包含投票前的投票调查活动以及预先调查数据。

另外,在选举中,"出口调查"是调查的重要组成部分。这种调查数据来自实际投票的选民。在日本,从1992年的参议院选举开始正式进行出口调查。

在统计学上,要得知1万人的投票情况,只要调查96人就能掌握整体的动向。虽然样本不到1%,却可以从某种程度上看到整体情况。

开票1分钟也确实能够预测选举结果。其实就是利用统计学原理进行抽样调查以掌握整体情况。样本数据来自预先调查和出口调查。所以可以预测实际开票情况,早早地发布"确定当选"结果(当然也不能排除个别情况)。

小贴士

为了防止影响选民投票,媒体机构等都是在投票刚好截止时或之后公布选举出口调查的结果。

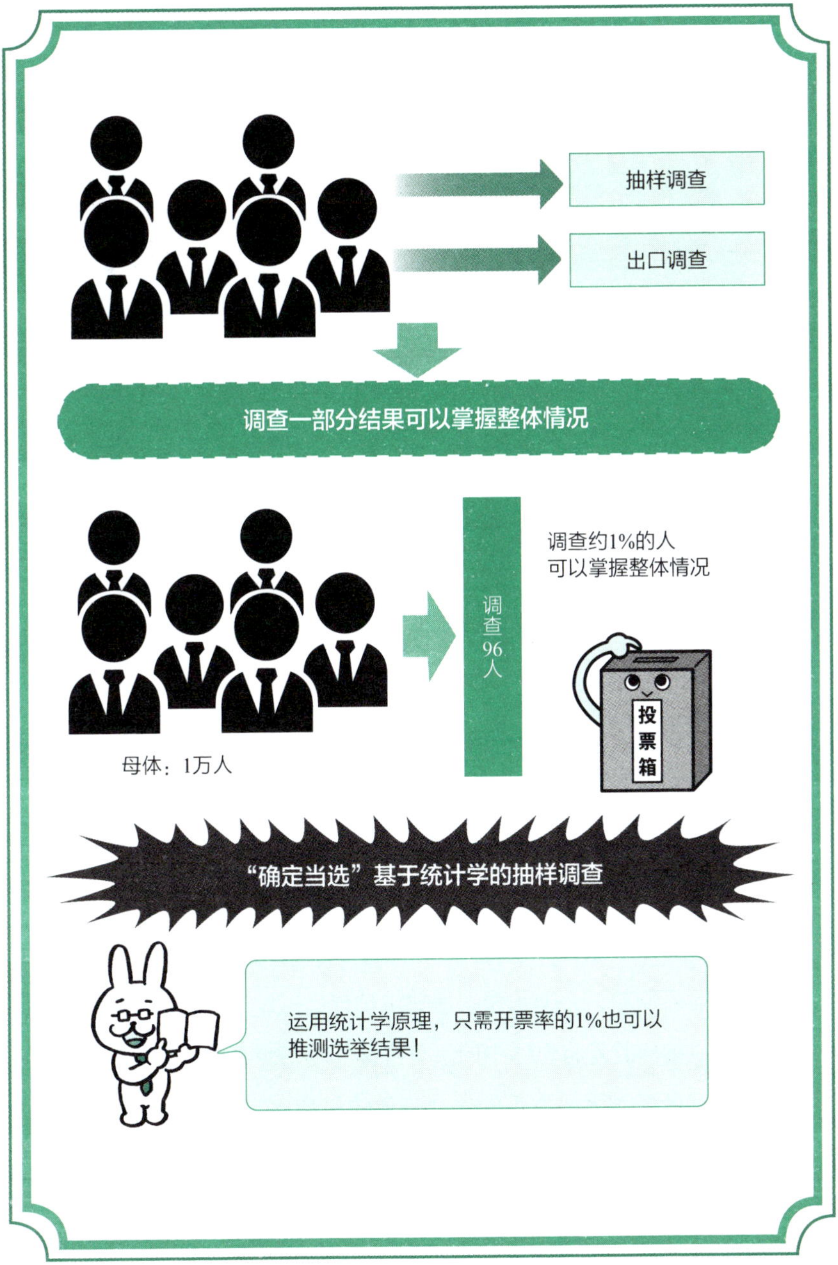

抽样调查

出口调查

调查一部分结果可以掌握整体情况

母体：1万人

调查96人

调查约1%的人可以掌握整体情况

投票箱

"确定当选"基于统计学的抽样调查

运用统计学原理，只需开票率的1%也可以推测选举结果！

舆论调查的执行步骤及分析方法

根据日本内阁官方网站定义，所谓"舆论调查"是为了了解民众的想法和意见，从而帮助政府更科学地制定政策执行行政工作而实施的调查。调查对象有数千人，都是根据统计学原理从全国选出来的。调查员访问时采取"面谈"的方式。也就是说，从母体中随机抽取样本来调查整体情况。当然这里也利用了统计学。不过这里的"随机抽取"如果有失偏颇，调查将毫无意义。

例如，只在繁华的街道调查受访者是否饮酒的比例。因为来闹市区的人喝酒的概率本来就高。即使调查结果显示饮酒率超过80%，也不能保证数据的正确性。因为样本有指向性。所以抽样时一定不能有偏颇，必须无差别地随机抽样。

随机抽样就是将母体中的所有个体作为对象，随机抽取样本。随机抽样的最基本的方法叫作"简单随机抽样"（详情参看第164页图A）。先采用简单随机抽样抽取第一个样本单元，再按一定的间隔抽取其余的样本单元，这种方法叫作"等距抽样"（详情参看图B）。先将母体按类型分成几组，在每组中各自进行简单随机抽样，这种方法被称为"分层抽样"。

而舆论调查是各都道府县和地方自治团体分开，各自独立收集分析数据。不过民间的舆论调查也常会邮寄问卷或电话访问等。

小贴士

"内阁支持率"也是一项民意调查。内阁支持率起伏不定。1989年至2019年间内阁支持率最低的是森内阁，在7%—9%之间，最高纪录是小泉内阁，支持率超过80%。

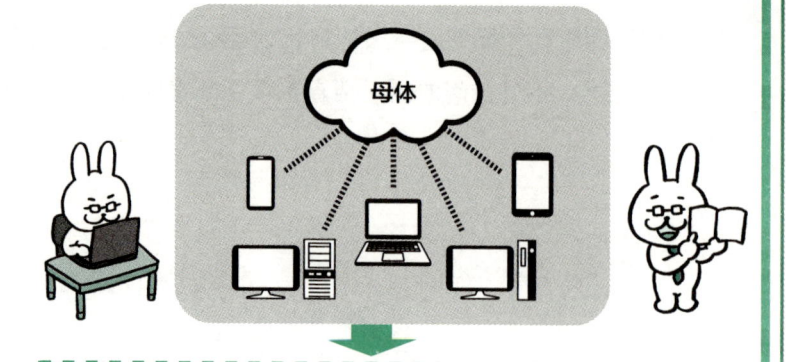

舆论调查是从母体中随机抽取数据（个体）的调查

【图A】简单随机抽样

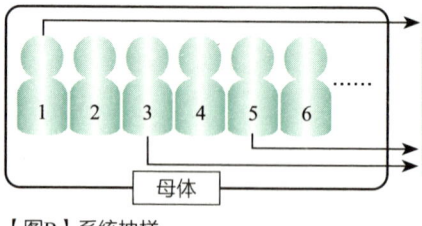

不遵循具体规则地从母体中随机抽取样本以调查整体情况

【图B】系统抽样

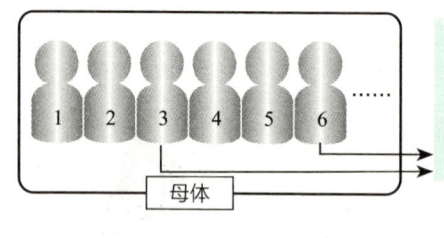

首先调查了3号对象后，每隔2个对象抽取1个样本，所以第3个样本是第9个对象

根据POS数据分析畅销商品

听说过"POS数据"这个词吗？POS是英文"point of sale"的缩写，POS数据指的是在便利店和超市购物的消费者数据，包含消费者年龄，买了什么商品等。

在POS数据中储存着"什么时候""谁""几岁""买了什么"等销售数据。分析这些数据，有助于更好地采购商品和预测销售等。便利店等还在数据中加入了气温和天气等因素，帮助预判店面里陈列便当等的种类和数量。在初春，当预计气温将超过25摄氏度时，比起热的商品，冷的商品更有可能畅销。再加上平时的POS数据，商店就可以更科学地制定销售策略了。

另外，在网上购物时，会弹出"猜你喜欢"的页面。计算机分析了迄今为止你的购买行为，对照与你类似的顾客购买行为，才推荐了那些商品。

比如数据中累积了买啤酒的人大部分都买花生，那么你买完啤酒后，"猜你喜欢"就会推荐花生。

管理POS数据,制定高效率的销售战略,不仅可以帮助进货,还可以帮助人员排班等,不但减少商品的损耗,还可以降低人工费用。所以POS数据也在我们的日常生活中扮演了重要角色。

小贴士

Firefox(火狐)开始提供一项服务,用于确认自己的邮箱地址是否被黑客攻击导致个人信息泄露。"Firefox Monitor"(火狐监控)真的十分方便。

POS数据构成

何时 → 谁买 → 何地 → 买了什么

累计销售数据,用统计学探索整体情况

确认哪种商品进多少货,未来会卖到什么程度。

- 买花生
- 买毛豆
- 买罐装啤酒 
- 买薯片

什么商品消费者往往会一起买

POS数据非常重要,它可以帮助我们更有效率地经营、销售,以及管理商品和安排人员排班!

赛马和买彩票哪种方式更有可能赚钱

下面我们从统计学角度,单纯对比一下赛马和买彩票哪种方式更有可能赚钱。

在概率论中,"期望值"占有非常重要的地位。那么,期望值到底指的是什么呢?现在假设我们玩一个游戏——摇骰子,什么数字朝上就获得相应的奖金。骰子数字和奖金金额对应关系如图A所示。这个游戏的期望值是$20×1/6+50×1/6+100×1/6+100×1/6+150×1/6+150×1/6=95$。如果1次要花100日元,换算后可以得知这个游戏平均每次输5日元。

这里用到了概率论及统计学中的基本定理之一的"大数定律"。所谓"大数定律"就像掷硬币一样,出现正面的概率是1/2,掷的次数越多,出现正面的概率就越接近1/2。掷骰子的时候,各个面的数字出现的概率都是1/6,所以最终出现了上文计算出的期望值。

目前在日本，彩票销售额的48%会作为奖金。1张彩票卖100日元时，奖金就是48日元，像年末巨奖彩票，1张彩票卖300日元的话，期望值是144日元。而赛马券的75%会作为奖金（根据赛马券种类不同会有差异）。赛马券的最低投注单位为100日元，那么期望值是75日元（地方赛马中也有50日元的）。博彩投资100日元，期望值却不足100日元，长此以往肯定会输。

小贴士

"大数定律"是经济、金融、选举速报、保险等领域的重要基础。它作为统计学的基本定理之一，已经深深烙印在我们的生活中。

【图A】

| ⚀ =20日元 | ⚁ =50日元 | ⚂ =100日元 |
| ⚃ =100日元 | ⚄ =150日元 | ⚅ =150日元 |

$$20 \times \frac{1}{6} + 50 \times \frac{1}{6} + 100 \times \frac{1}{6} + 100 \times \frac{1}{6} + 150 \times \frac{1}{6} + 150 \times \frac{1}{6} = 95$$

期望值95日元

如果玩1次要花100日元，换算一下这个游戏平均每次输100－95=5（日元）。

求不断掷硬币时正面朝上的概率

正面　背面　背面　正面　正面　正面　背面　背面…

掷硬币次数越多，正面朝上概率越接近 $\frac{1}{2}$

＝

大数定律

所谓赌金对应的奖金金额期望值是对奖金金额的"预估"。

贝叶斯统计学：科学地预测①

托马斯・贝叶斯（详情参看本书第84页）以与其他统计学家完全不同的独特视角论述了贝叶斯理论。一般的统计思维是从母体中抽取样本，以样本的分析结果推测母体的整体面貌。但是贝叶斯的想法可不是详细分析样本，而是直接分析目标。

人类大脑一旦吸收了新信息，就会修正至今为止的知识和经验，产生新的思维模型——贝叶斯统计的底层逻辑与此类似。 人类在新思维模式的指导下，会进行各种各样的行动，然后再次吸收新的信息，知识和经验又随之改变。

时下的热门技术AI也是基于贝叶斯统计学。在象棋和围棋的世界里，AI的分析数据也曾战胜人脑。从迄今为止的对战数据中分析出新信息，也就是所谓的大数据分析，在瞬间计算出怎么下棋更可能有效，然后判断下一招走法。

在市场营销领域，贝叶斯统计学的应用也十分广泛。什么年代举办了什么样的购买活动，从历史数据中分析出什么商品畅销，帮助新商品开发（参看本书第52页）。贝叶斯的统计理论与其他统计学者的理论大相径庭，在发表之后50年并未得到支持。而如今贝叶斯统计学被广泛应用于多个领域，现在贝叶斯统计学的支持者们被称为"贝叶斯人"。

> **小贴士**
> 现在社会流传广泛的"贝叶斯统计学"，其中很多成体系的内容是由法国数学家拉普拉斯阐述的。因此也有不少人认为"贝叶斯统计学"的实际开端在法国。

贝叶斯思想

现在的统计数据 → 预测未来

分析样本

不是详细分析样本，而是直接分析目标

围棋、象棋

积累大量对战数据 → 直接判断下一招棋怎么走最可能有效

AI

贝叶斯统计学 🤝 人工智能的开发

在现代社会中，贝叶斯统计学扮演了重要角色！

所谓贝叶斯统计学是从历史数据中读取不变的东西，再以此判断不断变化的母体情况！

贝叶斯统计学：科学地预测②

贝叶斯统计学最具有代表性的运用方式之一是邮箱的垃圾邮件过滤功能。垃圾邮件是指陌生人单方面、无差别发送的邮件。邮箱自动判断哪些邮件是此类邮件，然后分配到垃圾邮件箱里。虽然偶尔会有熟人发来的邮件被归类为垃圾邮件，但其识别的准确性仍然是非常高的。

分析历史上收到的垃圾邮件中的内容等，将分析结果数值化，超过标准值的邮件判断为垃圾邮件进行分配。

和别人猜拳比输赢时，有"赢""输""平局"三种结果，所以获胜的概率是1/3。这里的"概率是1/3"就是通常的统计学思维。而在贝叶斯统计学中的做法，则要实际和对手试猜几次拳，分析得到结果。到真正猜拳的时候，用刚才的数值化结果计算猜拳获胜的概率。假设反复试猜拳几次时对方出"布"的频率更高，那么真正猜拳时就判断出"剪刀"获胜概率更大，胜算超过1/3。贝叶斯统计就是根据不同情况灵活思考，计算发生概率。

电视上说今日降水概率20%，但你一出门看到天空乌云密布，是不是就想着带伞出门呢？在这个例子里，虽然事前设定的概率是20%，但是云的出现让你修正了脑中的降水概率，最终选择带伞出行。

小贴士

在倡导者托马斯·贝叶斯死后大约100年，英国数学家弗兰克·拉姆齐再次提出贝叶斯统计学，它才渐渐受到人们的重视。

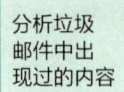

| 分析垃圾邮件中出现过的内容 | | 根据分析结果区分邮件 |

垃圾邮件过滤功能基于贝叶斯统计

反复猜拳 + 分析猜拳结果 → 判断出什么获胜概率更大

贝叶斯统计学 🤝 预测未来

统计数据不全也可以算出概率

贝叶斯统计的思维方式运用得十分广泛，特别是在邮件过滤功能等计算机功能开发、经济学、心理学、AI开发等领域！

想和别人说的统计学 7
用贝叶斯统计学在赛马中能获胜吗

贝叶斯统计学以实际存在的概率为基础,推测今后可能发生的概率,通过添加新的数据,不断提高推测概率的精度。

如果投资是100日元,期望值没有超过100日元,运用贝叶斯理论,持续胜利不是梦。

比如在赛马界里有一种券叫作"万马券"。万马券大致分为三种:第一种"数据上预测会中的万马券";第二种是"人气马输掉的万马券";第三个是"意料之外的万马券"。这三种类型,只专

在分析数据的重要性越来越高的信息社区,贝叶斯统计学被广泛应用。

注于观察"数据预测会中的万马券"的概率，在此基础上推测出的概率，就很有可能猜中万马券。

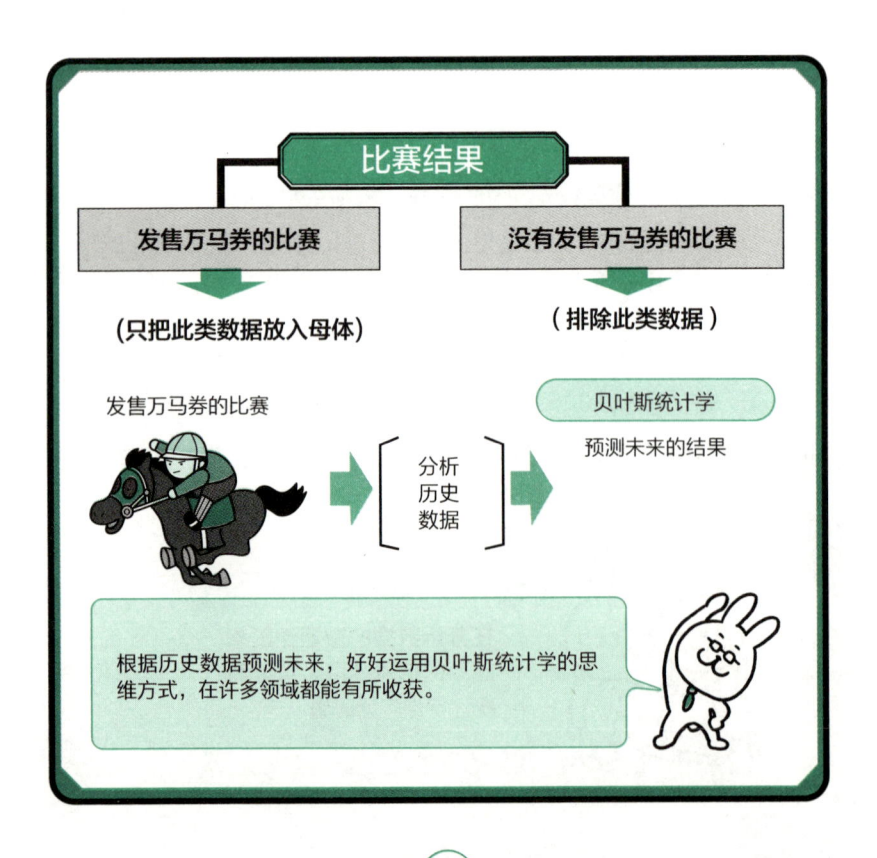

比赛结果

- **发售万马券的比赛**（只把此类数据放入母体）
- **没有发售万马券的比赛**（排除此类数据）

发售万马券的比赛 → 分析历史数据 → **贝叶斯统计学** 预测未来的结果

根据历史数据预测未来，好好运用贝叶斯统计学的思维方式，在许多领域都能有所收获。

> 小专栏
> Column

从"巨无霸指数"看经济形势

  1986年9月,英国经济杂志《经济学人》推出"巨无霸指数"。此后该杂志每年都会更新"巨无霸指数"报告。在世界上很多国家的麦当劳餐厅都会供应巨无霸,且制作规格、品质基本相同(实际上各国多少会有些差别),最终售价要参考当地原材料费用、店铺的电费、煤气费以及店员的劳动工资等。所以对比各地供应的巨无霸可以比较世界各国的购买力。

  假设巨无霸在日本卖300日元,在美国卖3美元。300日元÷3美元=100日元,1美元=100日元就是"巨无霸指数"。如果此时美元兑日元汇率是1美元兑110日元,和巨无霸指数相比,汇率上日元贬值,所以理论上日元此后会向着100日元升值。另外,计算出各个城市购买一个巨无霸汉堡所需要的劳动时间,可以推测出各个城市的物价与工资水平的比例。